中公新書 2681



森 貴史著

# リヒトホーフェン

## ——撃墜王とその一族

中央公論新社刊

# まえがき

本書は、ヨーロッパのある貴族に連なる4人について記すものである。

ドイツ語の「青い血」（Blaues Blut）という言葉は、いくらか軽蔑的に「貴族」を意味する。流れる血の色がちがうということだろう。青色の血が流れているというメタファーで揶揄《やゆ》されるような、特別な生活様式で暮らす「貴族」という特権的な身分階層がかつては存在したが、1789年のフランス革命以降は、市民によって打破されるべき存在となった。

21世紀現在も、ヨーロッパ諸国に「王族」と呼ばれる人びとは存在しているが、もはや政治に直接たずさわることはなくなった。また、貴族の血統を継承している人びとも存在しているけれども、同じく特権的な存在ではない。

ドイツ語の「青い血」という言葉がある一方で、フランス語の「ノブレス・オブリージュ」（高貴な者の義務）という言葉もある。「位高ければ、徳高きを要す」、すなわち、高い身分には義務がともなうこと、貴族に生まれた者は身分にふさわしい行為をなさなければならないという意味である。

本書の主人公は、そうした貴族として然るべく生きて、第一次世界大戦を空軍パイロットとして戦ったリヒトホーフェンという名の貴族の兄弟。そして貴族に生まれたが、当時の社会規範から遠く離れ、きわめて自由な恋愛に生き、周囲に影響を与えた同名貴族の姉妹である。

第1章の主人公マンフレート・フォン・リヒトホーフェンは、「赤い男爵《レッド・バロン》」と呼ばれた第一次世界大戦の最多撃墜王であり、自身が搭乗する戦闘機を赤く塗装していたことで知られている。

その弟のロータ－・フォン・リヒトホーフェンも同じく、大戦中に40機撃墜を誇るエースパイロットであった。著名な兄の陰に隠れて、語られることの少ないロータ－だが、その生涯と人物にも脚光をあててみたい（第2章）。

この兄弟はともに、航空機で命を落としている。兄は戦闘で受けた銃撃が致命傷となって、弟は郵便飛行機の事故だった。また、2人が少年時代を過ごした都市シュヴァイトニッツがあるシュレージエン地域は現在、ポーランド領だが、かつてはドイツ領であった。二度の世界大戦は、こうした国境と同様に、兄弟の歴史的評価も目まぐるしく変化させている。

もうひと組の主役は、エルゼとフリーダという姉妹である。プロイセン軍将校であった父親フリードリヒの家系は、マンフレートとロータ－兄弟の縁戚にあたるリヒトホーフェン男爵家であった。

姉エルゼは17歳で教師になって自立し、女性労働者の権利を守る工場監督官になった。さらにハイデルベルク大学の経済学者・社会学者マックス・ヴェーバーに師事した最初の女学生となり、1900年（正式には翌々年）に国民経済学の博士号を取得した。ユダヤ人の裕福な学者の妻である彼女はまた、師ヴェーバーの弟子、友人のみならず、愛人でもあり、その妻マリアンネの親友でもあった。しかも、マックスの弟アルフレートとも愛人関係にあり、マックスの死後はアルフレートに寄りそって生きた（第3章）。

妹フリーダもまた、年の離れたイギリス人大学教授と10代で結婚したものの、安定した結婚生活は12年で終焉《しゅうえん》した。夫の教え子の若い駆け出し作家デーヴィッド・ハーバート・ロレンスと駆け落ちして、イタリア、ドイツ、フランスのほか、セイロン、オーストラリア、アメリカ合衆国にまで流浪する暮らしを選んだ（第4章）。

この姉妹は一般的な結婚生活から逸脱したという点では同様だったが、生活の拠点に関しては対極的であった。姉エルゼはハイデルベルクからほとんど離れることなく20世紀最高峰の社会学者とその妻、および弟とともに知識人として生涯を過ごした。一方の妹フリーダはのちに20世紀最高の英国人作家と呼ばれた年下の夫と世界を遍歴し、その少なからぬ作品世界に自身の影響を与えつづけた。

また、すでに既婚者であった姉妹2人と1907年のほぼ同時期に愛人関係にあったのは、精神分析医フロイトの高弟オットー・グロースである。彼は姉エルゼの寄宿学校からの親友の夫だったが、自由恋愛の思想を説く無政府主義者でもあった。姉妹の生涯を語る際に不可欠なこの異端の思想家について、同時代のドイツの市民社会や文化的背景もあわせて紹介する。

本書は近年のドイツ語圏での研究も踏まえたうえで、貴族として生まれて、貴族として生きた同時代の人びと、すなわちリヒトホーフェンという姓をもって生まれた兄弟とその遠戚の姉妹の評伝としたい。

マンフレートとローターは、第一次世界大戦という「男の世界」を軍人としてストイックかつ強靭《きょうじん》に生きた。兄は父なるドイツに短い生涯を捧げたし、弟は戦争を生きのびたが、戦後も航空機の操縦を生業として、空の「男の世界」で死んだ。兄弟の生涯はともに短いものだった。

エルゼは、旅行をのぞけば、ハイデルベルクとミュンヒェンを中心に終生、ドイツで暮らした。大学都市ハイデルベルクの学者たちの「男の世界」で生きたが、親友マリアンネ・ヴェーバーのような貞淑な生きかたではなかった。むしろ、「男の世界」のなかに自身の「女の世界」をつくりあげて、母としても生きぬいた。

フリーダは二番目の夫となったロレンスとともに世界を放浪したが、彼の死後はアメリカのニューメキシコ州の高地タオスに定住した。イタリア軍人と三度目の結婚をしたが、最初の結婚以来、つねに彼女を中心に形成された「女の世界」にいた。姉妹2人は長命を誇った。

彼らが生きた100年前の20世紀前半もまた、現在と同様に、生きるのが非常に困難な時代であった。人類史上初の総力戦であった世界戦争が勃発した一方で、男性と因習的かつ旧弊固《こ》陋《ろう》な慣例が女性を支配する市民社会の時代であった。

そのような時代に貴族として生きた兄弟の軍人としての生涯を、あるいは一般市民にはできなかった、貴族ゆえにその当時にはこのうえなく新しくも危険な人生を求めた女性たちの人生の輪郭をなぞることは、１００年後のわれわれにとっても、それなりの意義があると思われる。

目次

地図作成：地図屋もりそん
ＤＴＰ：市川真樹子

スウェーデン
王国
バルト海
ドイツ帝国
ベルリン
ロシア帝国
ブレスト=リトフスク
ヴァールシュタット
ドレスデン
ブレスラウ
シュヴァイトニッツ
プラハ
ドナウ川
ミュンヘン
ウィーン
グラーツ
オーストリア=ハンガリー帝国
ルーマニア
王国
セルビア
王国
アドリア海
ブルガリア
王国

リヒトホーフェン兄弟・姉妹関係地図（第一次世界大戦期）

# リヒトホーフェン——撃墜王とその一族

# 序章　リヒトホーフェンの家系

## リヒトホーフェン家の紋章

撃墜王として知られるマンフレートの自伝第3版で最初に収録されているのは、末弟ボルコの手記である。

手記の冒頭には、紋章（図1）のほか、プロイセンの外交官だった彼らの叔父エーミール・〔カール・ハインリヒ・〕フォン・リヒトホーフェン（1810〜95）が記したという、一族の繁栄を願うモットーが掲載されている。

このモットーは、折句《おりく》のようにRICHTHOFENというアルファベットを頭文字に用いて、9行が記されている。

図1　リヒトホーフェン家の紋章

R　この家系図が薄明の古代に由来するものでなくても、
I　まさしく由緒ある勇敢な一族である。
C　この家の名声は水晶のように透明で澄んでおり、
H　真理、名誉、公正さがつねに高く奉じられている。
T　父祖の慣例に忠実にして、敬虔、勇猛果敢かつ慎ましくあって、
H　神の慈悲深き恩寵によって害悪からお守りいただいた。
O　キリスト教徒としての義務の道から外れて揺らぐことなく、
F　汝の家名を真の騎士道へと誇り高く導きたまえ！
E　名誉の象徴たるこの一族にさらなる繁栄をもたらし、
N　その高貴な紋章にはけっして影を落とすことなかれ！

たしかに、リヒトホーフェン家は中世以前から継承されるほどではないものの、家系図は始祖の人物まで確実にさかのぼることが可能な由緒正しい貴族である。まずはその家系について記したい。

「男爵」という称号

自身の搭乗機を赤く塗装していたマンフレートは、敵側から英語で「レッド・バロン」、す

なわち「赤い男爵」と呼ばれたことで知られる。ニコライ・ミュラーション監督・製作・脚本の映画『レッド・バロン』（原題『Der rote Baron』、２００８年）など、彼を主人公にした作品のタイトルにもよく使用されている。

彼の氏名のもっとも簡潔なドイツ語表記は、つぎのようになる。

Manfred Freiherr von Richthofen

「フライヘア」（Freiherr）が「男爵」の爵位であるため、日本語表記にすると、「マンフレート・フォン・リヒトホーフェン男爵」となって、称号を最後尾に配置するのが日本での慣例である（「フライヘア」が固有名詞でないため）。女性の場合は「フライイン」（Freiin）、「フライフラウ」（Freifrau）となる。

日本でいう姓にあたる「フォン・リヒトホーフェン」の「フォン」もまた貴族の家名の一部であって、本来は出身地をあらわすものであった。英語の「オブ」、フランス語の「ド」と同一である。それゆえ、リヒトホーフェン家の人びとは「フライヘア」あるいは「フライイン」が家名の前に付随しているのだが、本書では煩雑さを避けるために、初出時や重要な場合をのぞいて、爵位の記載を省略したい。

このリヒトホーフェンの家系は18世紀初期に分家が開始されて以来、19世紀以降はとくに複雑になっている。とはいえ、マンフレートの末弟ボルコの手記に概要が書かれているほか、マンフレートやフリーダの伝記作家たちがそれぞれの執筆時期に親族から史料の提供を受けて記しているため、それらも参照しながら、本書に必要な部分のみを抽出する。貴族の家譜ゆえに、長くて類似した名前の羅列で煩瑣《はんさ》となるが、どうかご海容いただきたい。

### 始祖ヨハン・プレトリウスにいたるまで

リヒトホーフェンの家系は16世紀前期まで遡れるが、この時点で少し複雑である。直系の始祖ヨハン・プレトリウスを語る前に、まずはコブレンツ出身のルター派聖職者ゼバスティアン・シュミット（1515～53）のことを語らねばならない。彼はブランデンブルク地方のベルナウで1543年から53年まで牧師補をつとめた。ゼバスティアンは職業と時代の慣習にあわせて、「シュミット」という姓をラテン語の「ファベル」（「ファブリツィウス」とも）に改めた。シュミットは「鍛冶屋」を、ラテン語のファベルは「職人」を意味している。

そして、このゼバスティアン・ファベルとベルリンの市参事会員の娘であった妻バルバラ・ベローとの間に生まれた一子の孫こそがリヒトホーフェン家の始祖となるのだ。

ゼバスティアンには、年配の友人パウルス・シュルツェ（シュルティス、シュルトハイスとも、1521～65）がいた。妻バルバラの従兄弟だった彼はベルナウの名家出身で、その祖父トーマス、父アンドレアは、16世紀初頭に二代にわたって市長をつとめている。このパウルスも同じく、出世するにしたがって、(偶然ではあっただろうが)「市長」という意味のシュルツェ姓を「スクルテトゥス」、「プレトリウス」というラテン語風に二度、改名した。

最初は貧しい学者でラテン語学校教師だったパウルスだが、しだいに顕職を歴任するようになった。末弟ボルコも記すとおり、パウルスが若い時分に家庭教師をしていたのは、ブランデンブルク選帝侯ヨアヒム2世(1505～71)の2人の子息、マクデブルク大司教にしてハルバーシュタット司教だったフリードリヒ・フォン・ブランデンブルク(1530～52)や、その短命の兄の職を継承したジギスムント・フォン・ブランデンブルク(1538～66)である。

パウルスはこの侯家の政治・法律顧問のほか、ブランデンブルク選帝侯領の顧問官、マクデブルク、ハルバーシュタットの枢密顧問官などの要職についた。外交使節として神聖ローマ皇帝フェルディナント1世(1503～64)のプラハの宮廷に派遣されたと、ボルコの手記にはある。栄達をきわめたものの、継嗣がいなかったパウルス・プレトリウスが1562年に養子にしたのが、友人ゼバスティアン・ファベルの19歳の息子にして従甥《じゅうせい》のザムエルだった。

養子のザムエル・プレトリウス(1543～1605)は学者となり、フランクフルト・アン・デア・オーダーに移住したのち、市参事会員、市裁判官、ついには市長にもなった。

パウルスとザムエル二代によってブランデンブルクの侯家との結びつきが強化されて、順風満帆のプレトリウス家の息子トビアス・プレトリウス(1576～1644)はさらに家財を大きくしたのみならず、貴族の娘と結婚し、シュレージエン(シレジア)地方に上級の地所を獲得する。

この結婚でプレトリウス家の身分は、学者家系の上層市民階級から大土地所有の貴族階層に属することになった。ただ、ロベルト・ルーカスが1972年に刊行したフリーダ・フォン・リヒトホーフェンの伝記によると、トビアスはその後、30年戦争などに巻きこまれた結果、一度は没落したようである。

ところが、このトビアスの息子ヨハン・プレトリウス（1611～64）の代に、家運は再び大きく盛り返す。ヨハンがシュレージエンへと完全に移住すると、1661年7月29日、神聖ローマ皇帝レオポルト1世（1640～1705）によって、世襲のボヘミア騎士の身分と「フォン・リヒトホーフェン」の家名を下賜されたのだ。したがって、これ以降、プレトリウス家は神聖ローマ帝国の正式な貴族に列する。

彼こそはヨハン・プレトリウス・フォン・リヒトホーフェン、すなわちリヒトホーフェン家の始祖なのだ。ここに、リヒトホーフェン家が誕生したのである。

## 貴族としてのリヒトホーフェン家

ヨハン・プレトリウス一族の資産は膨張の一途をたどり、リヒトホーフェン始祖の子息たちがニーダーシュレージエン地方に所有した騎士領は16ヵ所を数えた。

1681年3月にプロイセン王国騎士にも叙任されて、この一族の所領はニーダーシュレージエン地方のシュトリーガウ（現ポーランドのストシェゴム）、ヤウアー（同ヤボル）、シュヴァイトニッツ（同シュフィドニツァ）、リーグニッツ（同レグニツァ）といった地域に拡大した。

さらに1741年に、一族はフリードリヒ2世（大王、1712〜86）から「プロイセン男爵《フライヘア》」の称号を授与されて、これ以降は「フォン・リヒトホーフェン男爵」という姓を名乗ることになった。

ここまでの経緯を考慮すると、リヒトホーフェン家はいわゆる中世から継続する「古貴族《ウアアーデル》」ではない。また19世紀には貴族の称号が濫発された結果、多く産出された「官吏貴族《ベアムテンアーデル》」のような、一般の貴族階級よりも低くみられた貴族でもなかった。とはいえ、「男爵」よりも上位の身分として「伯爵《グラーフ》」が存在したが、それに昇格はしなかった。ゆえに、リヒトホーフェンの家柄は中世に発するものではないにせよ、相応に由緒正しい中流貴族といえるようだ。

ただし、18世紀初期にリヒトホーフェン家の分家がはじまったと、末弟ボルコが記すように、フリードリヒ2世から男爵の称号を授与された時期には、すでに分家が増え、複雑化していた。

## リヒトホーフェン家の分家

始祖ヨハン・プレトリウスには5人の息子がいて、彼らを起源とする5つの家系をなした。

長男ザムエル・プレトリウス（1656〜1721）のヘルトヴィヒスヴァルダウ系、次男ヨハン・プレトリウス（1661〜1739）のバルツドルフ系、三男ヨハン・クリストフ（1

702～51）のミヒェルスドルフ系、四男グスタフ・ヴィルヘルム（1707～74）のルッパースドルフ系、五男オスヴァルト・プレトリウス（1712～61）のハイナースドルフ系である。

本書にとって重要なマンフレートとローター兄弟のゲーバースドルフ系の始祖は、彼らの曽《そう》祖父《そふ》ユリウス・フォン・リヒトホーフェン（1799～1862）だが、次男に発するバルツドルフ系から分枝している。そして始祖ヨハン・プレトリウスから八代目にあたるのが、この兄弟である。

一方、エルゼとフリーダの家系ハイナースドルフ系は五男に由来しており、始祖ヨハン・プレトリウスから数えると六代目となる。彼女たちの伝記を描く作家らはたいてい、姉妹の曽祖父ルートヴィヒ・プレトリウス・フォン・リヒトホーフェン（1770～1850）の代から詳細な記述をはじめている。ちなみに、三男のミヒェルスドルフ系と四男のルッパースドルフ系は18世紀後期に断絶したが、ほかは現在も存続している。

リヒトホーフェン家は学者も少なからず輩出している。たとえばボルコ・カール・エルンスト・ゴットハルト・フォン・リヒトホーフェン男爵（1899～1983）は、20世紀前半にケーニヒスベルク大学やライプツィヒ大学の原史学教授であったが、マンフレートのゲーバースドルフ系が派生したバルツドルフ系出身の遠戚となる。

ボルコもマンフレートと同じく、シュレージエン地方の出身で、メルツシュッツ村（現ポーランド南西部のミエルチツェ）で誕生しており、この一帯の大地主でヤウアーの首長かつ代議士でもあったエルンスト・フォン・リヒトホーフェン（1858〜1933）が父親だった。ルーカスのフリーダ評伝の序文謝辞で言及されている「プロフェッソーア・ドクター・ボルコ・フライヘア・フォン・リヒトホーフェン」とは、彼のことでまちがいない。

彼の名を「ボルコ・フォン・リヒトホーフェン」と簡潔な通称で記述すると、マンフレートの末弟ボルコ（・カール）と同姓同名だが、末弟は1903年生まれで、教授職にあったボルコとは4歳年少、まったくの別人である。

## 来日した大地理学者リヒトホーフェン

この男爵家に連なる学者では、フェルディナント・フォン・リヒトホーフェン（1833〜1905）が現在のところ、もっとも大成した人物で、マンフレート兄弟と同じバルツドルフ系である。

ボン大学、ライプツィヒ大学、ベルリン大学の地理学教授を歴任したフェルディナントは、アレクサンダー・フォン・フンボルト（1769〜1859）に並ぶ探検する地理学者で、二度の来日をはたした人物なのだ。

1860年に日本との通商条約を締結するために派遣されたフリードリヒ・ツー・オイレンブルク伯（1815〜81）の使節団に通商条約書記官として参加し、日本に約5ヵ月間滞在した。さらに、東南アジアやアメリカに滞在したのちにもう一度、1868年9月に来日してから、4年間におよぶ中国調査旅行を敢行した。

この調査成果を遺稿もふくめた5巻の大著『シナ』（1877〜1912）として上梓するのだが、この著作で「ザイデンシュトラーセ」（Seidenstraße）、すなわち「シルクロード」という用語と概念が初めて使用されている。

つまり、フェルディナントは「絹の道《シルクロード》」を命名した地理学者なのである。彼は戦前の日本では非常に著名な地理学者だった。彼に関する研究書は太平洋戦争中に翻訳されている。たとえば、弟子たちによる伝記の訳書、E・ドリガルスキー、S・ヘディン、E・ティーセン『リヒトホーフェン傳』（高山洋吉訳、慶應書房、1941年）のほか、『支那　支那と中央アジア』（望月勝海、佐藤晴生訳、岩波書店、1942年）、『西南支那』（能登志雄訳、岩波書店、1943年）、『支那旅行日記　上巻』（海老原正雄訳、慶應書房、1943年）などが刊行されている。

彼は二編の『日本滞在記』も残していて、近年、その全訳が『リヒトホーフェン日本滞在記　ドイツ人地理学者の観た幕末明治』（上村直己訳、九州大学出版会、2013年）として出版された。その内容は、ドイツのことを書いて口を糊する著者としてはとても興味深い。日本で最初に「独逸学」をはじめたとされ、のちに帝国大学総長になった加藤弘之（1836〜1916）や最初期のドイツ語学者市川斎宮《いっき》（1818〜99）ほか、幕末の著名な幕臣や学者たちとの交流が記述されているからである。

たとえば文久元年1月10日付の長崎滞在中の記述では、フェルディナントはのちに徳川家茂《いえもち》侍医となった松本良順《りょうじゅん》（1832〜1907）と午前中に会い、午後にはオランダ海軍医ポンペから司馬凌海《りょうかい》（1839〜79）を紹介されている。語学の天才として知られる司馬凌海はポンペの弟子で、明治初年に日本最初の独逸学塾「春風社」を開校し、門下から多くの医者やドイツ学者を輩出した。

松本良順と島倉伊之助（司馬凌海）は、幕末から明治初期にかけての医学者たちの群像を描いた、司馬遼太郎の歴史小説『胡蝶の夢』（1979年）の主人公でもあるが、彼らと撃墜王の一族でのちに大地理学者として名を成すフェルディナントとの日本での邂逅《かいこう》は、歴史の不思議なめぐりあわせを感じずにはいられない。

### 「老デッサウ人」に由来するゲーバースドルフ系

さて、マンフレートとローター兄弟が属するのはゲーバースドルフという家系で、彼らの曽祖父ユリウス・フォン・リヒトホーフェン（1799〜1862）を祖としている。バルツドルフ系のユリウスは1827年にアンハルト地方の貴族テークラ・フォン・ベーレンホルスト（1807〜90）と結婚した。

このベーレンホルスト家は、「老デッサウ人」と呼ばれたレオポルト・フォン・アンハルト＝デッサウ侯（1676〜1747）と宮廷女官ゾフィー・エレオノーレ・ゼルトナー（1710〜79）の間に生まれた非嫡出子の士官で文筆家のゲオルク・ハインリヒ・フォン・ベーレンホルスト（1733〜1814）に発しており、その娘テークラはレオポルトの孫にして、マンフレートの曽祖母《そうそぼ》にあたる。

余滴となるが、アンハルト＝デッサウ侯の正妻は、宮廷御用達の薬局屋の娘アンナ・ルイーゼ・フェーゼ（1677〜1745）で、レオポルトの両親の反対を押しきっての身分ちがいの結婚だった。くわえて、ゾフィー・エレオノーレはのちの1767年にデッサウの宮廷顧問官ヨハン・アウグスト・ローデ（1695〜1773）と結婚して、文筆家で政治家となるアウグスト・フォン・ローデ（1751〜1837）を産んでいる。

しかも、レオポルト1世とも呼ばれるアンハルト＝デッサウ侯は、プロイセンのフリードリヒ大王配下ではもっとも有名かつ人気のある軍司令官で、同国の軍制改革者でもあった。ゲーバースドルフ家系がこの老侯から発しているという歴史的事実は、この家で語りつがれてきた栄誉だった。

1938年に公刊されたロルフ・イタリアーンダーによるマンフレートの伝記はナチスのプロパガンダ的な内容に終始しているものの、注目すべき記述がある。マンフレートとローターの死後に、母親クニグンデが暮らす邸宅の一部はリヒトホーフェン博物館として公開されたが、その訪問記が掲載されているのだ。

記念館の入口から4番目の部屋は絵画室になっており、マンフレートの写真の下に、「老デッサウ人」ことレオポルト1世の肖像画が飾られていたことが記されている。おそらくは兄弟たちが幼少期からながめていたもののはずだ。

マンフレートが老侯の血統に連なることを、末弟ボルコも兄をめぐる手記に誇らしげに記している。

「考えてみれば、ヘーヒシュテット〔バイエルン地方ドナウ河畔の都市〕、トリノ、ケッセルスドルフ〔ドレスデン近郊の村〕での勝者の血がその子孫にも変わることなく作用していたことに思いいたるだろう」。

言及されている都市や村はいずれも、「老デッサウ人」との愛称で親しまれたレオポルト1世がスペイン継承戦争やオーストリア継承戦争でプロイセン軍を指揮して活躍した戦場である。戦上手だったアンハルト＝デッサウ侯の血はマンフレートやローターの身体にも流れていたのはまちがいない。そして、この事実はのちのマンフレートの伝説化にひと役買ったといえそうだ。

ところで、マンフレート直系の先祖たちはシュレージエンの大地主であったために、その近隣の林野での狩猟を好んだとは伝わっているものの、18～19世紀のゲーバースドルフ系からはとくに傑出した学者や軍人は出なかった。そのため、マンフレートの父アルブレヒト・フォン・リヒトホーフェン（1859～1920）がこの家系から出現した最初の軍人となる。

## 21世紀のリヒトホーフェン家の人びと

2007年に出版された大部な伝記であるヨアヒム・カスタン『レッド・バロン　マンフレート・フォン・リヒトホーフェン全史』には、ゲーバースドルフ系の現在の子孫について興味深い記述がある。21世紀にも正真正銘のフォン・リヒトホーフェン家はまちがいなく存続しているが、彼らとは別に、「リヒトホーフェン」の名を騙《かた》る者がマンフレートの家系との血縁の深さを主張しているということである。後者の主張が矛盾しているのは明らかだ。

そもそも、マンフレートの家系は始祖の次男にはじまるバルツドルフ系の傍流である。しかも、若くして戦死した彼は独身で子女もいなかったため、その家系に連なるのは、2人の弟と1人の姉から生まれた子孫だけしかいない。こうしたゲーバースドルフ系の子孫にあたる人びとでさえ、第一次世界大戦の撃墜王のもっとも近しい血縁である事実を公表せず、その勲功の誇示などもしていないという。

にもかかわらず、マンフレートの子孫を名乗る人びとが世に多く存在しており、アメリカのインターネット・オークションサイト群には、「保証つき」のマンフレートの「オリジナルの頭髪」が定期的に出品され、あまつさえ高額で落札されている状況まで記されている。カスタンの評伝が人間の毛髪の統計学的総数をわざわざ書き留めて、この話題を終えていることを、ここに注記しておく次第である。

次章以降で描かれるのは、この伝説の撃墜王マンフレート・フォン・リヒトホーフェンと弟ローター、エルゼとフリーダ姉妹という、この家系に生まれた者たちの波乱に満ちた人生である。

# 第1章　撃墜王――マンフレート

## 1　幼年時代から第一次世界大戦前夜まで

### 撃墜王の肖像写真

1917年撮影の肖像写真がマンフレート・フォン・リヒトホーフェンのもっとも有名なものである（図2）。彼は第一次世界大戦の後半2年間に撃墜王として彗星のごとく現れた。そして終戦を待たずに、同大戦中最高の80機撃墜という記録を残して、25歳で戦死する。

軍帽からのぞく短く刈りあげた髪が清潔感をただよわせている。穏やかな口もとは少しはにかんだ雰囲気があり、なによりも、大きく見開かれた双眸《そうぼう》からは、高貴な強い意志を感じさせずにはいない。そして、槍騎兵《ウラーン》の軍服の喉もとに輝くのは、1740年にフリードリヒ大王が最高の名誉勲章として制定したプール・ル・メリット勲章である。

赤い三葉戦闘機フォッカーDr.Iを駆ったことで知られた第一次世界大戦最大の英雄こと、マンフレート・フォン・リヒトホーフェンという人物のカリスマ性を象徴する肖像なのだ。

図2　マンフレート・フォン・リヒトホーフェン、1917年

## 幼年時代

のちに撃墜王として世界中に雷名を轟かすゲーバースドルフ系のマンフレート・アルベルト・フィリップ・カール・ユリウス・フォン・リヒトホーフェン男爵は、1892年5月2日に当時33歳のアルブレヒトと24歳のクニグンデ・ヒルデガルト・マリー・ルイーゼ・エリーザベト（旧姓フォン・シックフス・ウント・ノイドルフ、1868～1962）の間に長男として誕生した（図3、4）。

マンフレートには、1人の姉と2人の弟がいる。「イルゼ」と呼ばれた長女エリーザベト・テレーゼ・ルイーゼ・マリー（1890～1963）、もう1人の撃墜王の次男ローター・ジークフリート（1894～1922）、カール・ボルコとも呼ばれた末弟ボルコ・カール・アレクサンダー（1903～71）である。

長男は、叔父のマンフレート・カール・エルンスト・フォン・リヒトホーフェン男爵（1855～1939）にちなんで名づけられた（図5）。1903年から皇帝ヴィルヘルム2世（1859～1941）の侍従武官、1913年には近衛騎兵隊師団司令官、第一次世界大戦では最終的に騎兵大将になった人物である。

マンフレートが産声をあげたのは、シュレージエン地方の中心都市ブレスラウ、ゲーテ通りの角でカイザー・ヴィルヘルム通り92－96番地にあった先祖代々からの居館で、ロムベルク館（Schloß Romberg）といった。「城」、「居城」という ドイツ語「シュロス」（Schloß）で呼ばれているが、この場合は「領主の館」（Herrenhaus）ぐらいの意味となる。

とはいえ、この居館は古典主義建築家カー

図３　アルブレヒト・フォン・リヒトホーフェン男爵、末弟ボルコ

図４　クニグンデ・フォン・リヒトホーフェン男爵夫人

図５　２歳のマンフレート

ル・ゴットハルト・ラングハンス（1732〜1808）が1777年から81年の間に建設したものである。彼のもっとも有名な建築物といえば、ベルリンのブランデンブルク門である。こんな事実も、リヒトホーフェン家の貴族的な性格を示す証左の一つといえようか。

中世以降、ボヘミアとポーランドの勢力圏であったシュレージエン地方であるが、12世紀からドイツ人による東方植民が隆盛をむかえると、ドイツ化が進行した。マンフレートが誕生したブレスラウもドイツ人が建設したハンザ都市で、商業の中心地であった。16世紀からはオーストリアのハプスブルク家の支配領となったが、18世紀のオーストリア継承戦争（1740〜48）に、フリードリヒ2世が介入した結果、プロイセン領となり、19世紀後半には商工業が発達した富裕な地域となっていた。

### シュヴァイトニッツへの移住

1901年にアルブレヒトとクニグンデは子どもたちとともに、ブレスラウから南西50キロメートルに位置する小さな田園都市シュヴァイトニッツに移住する。

シュヴァイトニッツの当時の人口は約3万人で、シュレージエンの退役軍人たちが老後を過ごすのを好んだ町であった。ちなみに、近代的な水治療法を理論化したジークムント・ハーン（1664〜1742）とヨハン・ジークムント・ハーン（1696〜1773）の二代の自然療法医の出身地としても知られている。1648年のウエストファリア条約締結を機に建てられた平和教会は、ヨーロッパ最大のハーフティンバー様式の教会として2001年に世界遺産に登録された。教会内部の壮大なつくりで著名である。

シュヴァイトニッツ移住には、ブレスラウの近衛甲騎兵連隊の騎兵大尉（Rittmeister）だった父親アルブレヒト・フォン・リヒトホーフェンをめぐる事情がある。これは末弟ボルコの手記にも記されているが、オーダー川での騎馬行進中に部下の兵士を水難から救出したことが原因の風邪によって、アルブレヒトは耳疾に罹患《りかん》し、重度の難聴となってしまう。その後、彼は少佐に昇進したが、除隊せざるをえなかったゆえに、家族とともにシュヴァイトニッツに隠遁《いんとん》したという経緯があった。

図6　7歳のマンフレート

しかしながら、父アルブレヒトの予想外に早い退役とシュヴァイトニッツ移住は、少年マンフレートの生涯の趣味を決定した。乗馬と狩猟を愛した父は長男を随行させたからである。それゆえ、幼少時から父に手ほどきを受けたマンフレートは少年時代から馬術と狩猟に卓越した能力を発揮して、少年ながら狩猟大会にも参加するほどであった（図6）。彼らの自宅には400以上の獣や鳥の頭骨が飾られていたという。

ちなみにウィリアム・フォークナー（1897〜1962）は、マンフレートと同世代のアメリカの作家で4人兄弟でもあり、同じく父親から銃の扱いと狩猟をミシシッピー川流域の三角州《デルタ》に広がる大森林で教えられた。

連作狩猟小説集『大森林』（1955年）は、田園地帯に暮らす少年が大人たちの間で狩猟を通じて、大自然を知覚しながら成長していくという一種のビルドゥングスロマーン（自己形成小説）で、フォークナー自身の体験にもとづいている。

フォークナーや『大森林』の主人公の少年と同様に、少年時代のマンフレートもまた、父アルブレヒトやほかの大人の猟師仲間とともに、シュヴァイトニッツ近郊で狩猟の楽しさと自然のありかたを学んだと思われる。

少年時代からすでに、マンフレートは傷ついた野獣を「とどめの一発《グナーデンシュス》」で処置したり、獲物から内臓を取り除いたりする技術を習得していた。また、年が近い次弟のローターとも仲がよく、いっしょに狩猟や騎馬を楽しんだ。

ヨアヒム・カスタンのマンフレート評伝の興味深い指摘としては、ドイツの猟師が使用する「狩猟用語《イェーガーシュプラーへ》」をこの時期に覚えたマンフレートが自伝の空戦描写で使用していることだ。こうした専門用語は本来、禽獣《きんじゅう》の殺傷行為にまつわる言語表現を抽象的に緩和するために生み出されたものだが、敵機との空戦描写についても、あえて直接表現を忌避して「狩猟用語」を用いて描写しているという分析である。

これとは別に、マンフレートは意識して「狩猟用語」を使用しているようだ。自伝には後述する「狩猟熱」などの一般的ではない用語がみられるからである。たとえば、「ローターは〈射撃手〉で、猟師ではない」という節では、弟を語る際に猟師という意味の「ヴァイトマン」（Weidmann）を使っている。「わが父は猟師と射撃手を区別していた」と記して、次弟ローターが猟師ではなく、射撃手に相当するという評価を語るのだが、ここでは「猟師」の意で「ヴァイトマン」を用いつつも、「イェーガー」（Jäger）の語をわざわざ併記しているのは、マンフレートは「ヴァイトマン」が読者になじみのない語だと理解しているからだろう。

さらにまた、〈狩猟百科事典〉ともいうべきヴァルター・フレーフェルト『狩猟習俗と狩猟用語』（２０２０年）の「Waid-」の項目を参照すると、「〈Weid-〉は〈Jagd-〉に置き換えられた同一の概念」と記載されている。たとえば「ヴァイトゲノッセ」（Waidgenosse）、「ヴァイトゲゼレ」（Waidgeselle）は「ヤークトフロインデ」（Jagdfreunde）と同義で、「狩猟仲間」の意である。

ところで、父アルブレヒトは最低限の教養と乗馬と狩猟以外に、マンフレートおよび次弟ローターにも知的な教育をほどこさなかった。マンフレートの場合、シュヴァイトニッツにあるギムナジウムに1年間だけ通学したのみである。

末弟ボルコの手記は、少年時代のマンフレートの逸話を伝えている。

マンフレートはとりわけ元気かつ健全な性質で、一度だけ麻疹《はしか》に罹患して学校を休んだほかは健康上の問題はなかった。手をつかわずにとんぼ返りができるほど身体能力も高く、だれも登れないようないちばん高いリンゴの木に登り、幹からつたって降りられなくなると、とても器用に飛び降りた。下男が縊死《いし》したために幽霊が出るといわれていた農園の家屋があったが、13歳の彼はこの幽霊を確認するために、その屋根裏部屋で寝た。彼を驚かせようと、母と姉が下で怪音を立てたが、熟睡している。さらに大きな音を立てると、マンフレートは飛び起きて、丸太で襲いかかろうとしたが、母がとっさに明かりを灯したので、大事にはいたらなかった。

少年時代からすでに肝の太い性格だったことがうかがえるエピソードである。

## 父と母と長男との関係

父アルブレヒトと母クニグンデの関係は悪くはなかった。ただ、暮らしはけっして貴族的なものとはいえない。アルブレヒトはその父から遺産をもらえなかったために、広い地所を領有する大地主ではなかったのだ。シュヴァイトニッツの邸宅は当初、賃貸であり、貴族というよりも上層市民といった体裁だった。しかも、このシュトリーガウ通り10番地の自宅を1903年に購入したのは妻クニグンデであって、彼女自身の父の遺産を相続したことによる。

そうした経緯ゆえに、良家出身で高い教養を有する母と、除隊後は乗馬と狩猟にのみ情熱をかたむける退役軍人の父との関係は表面的には良好であったが、父親が絶対的な権威として君臨するのではなく、むしろ妻にして母親のクニグンデが家庭の実権を握っていた。

ちなみに、バーゼル大学法学部教授ヨハン・ヤーコプ・バッハオーフェン（1815～87）が19世紀中葉に提唱した「母権論」は、有史以前には「母権」を基礎に置く母権制社会が父権制に先行していたという思想で、20世紀初期にはビスマルクやドイツ皇帝を父権制シンボルとするドイツ帝国や父権的市民社会に抵抗するための理論として援用されたものだ。この議論を敷衍《ふえん》すれば、マンフレートの家庭は、退役軍人の父親が存在しながらも、母クニグンデが君臨する母権的家庭だったといえよう。

幼少時よりアルブレヒトから乗馬と狩猟の手ほどきを受けていたマンフレートだが、それ以上に母クニグンデとはその短い生涯にわたって、極端なほど親密な関係であり続けた。自伝第2版以降に収録されている彼の多数の書簡は母親クニグンデ宛てのものである。くわえて、独身のまま25歳で戦死するマンフレートには、特定の恋人の存在を伝える決定的な確証もない。

このような事実だけで判断すると、通俗的な言い方では「マザー・コンプレックス」とともいわれかねないだろう。しかし後述するように、複雑でストイックな内面をもつマンフレートをそのようなステレオタイプで捉えることは難しい。

## 幼年学校時代

11歳のとき、マンフレートの少年時代は突如として終了した。リーグニッツ近郊のヴァールシュタット（同レグニツキエ・ポレ）の幼年学校に入学したからである（図7）。少年たちを将校に養成するための教育施設である。自伝で第2版以降は削除された節に、このあたりの事情が記されている。

「第1学年生として、陸軍幼年学校生徒隊に入隊した。望んで幼年学校生になったわけではなく、それは父の望みであって、わたしの意向が求められたこともなかった。厳格な規律と秩序があまりに幼い者の頭にことさら重くのしかかった」

父アルブレヒトは自分の軍歴が予想外に早い終焉をむかえてしまったために、マンフレートに同一の道程を歩ませたかったのだ。後年、撃墜王として名を馳《は》せる彼だが、けっして望んで軍人になったのではない。

ところで、ヴァールシュタットは「ヴァールシュタットの戦い」あるいは「レグニツァの戦い」がおこなわれた古戦場で、西進してきたモンゴル帝国軍とポーランド・ドイツ連合軍が1241年に激突した地である。ヴァールシュタットの幼年学校は、18世紀に建てられたかつての修道院を転用しており、周辺には小さな村落があるのみだった。そのために、この幼年学校に入学することは、一般の世界とは隔離された宿営生活のなかで過酷な軍隊教育を受けることを意味していた。1838年に設立されて以降、毎年200人の幼年学校生にプロイセン流の軍事教育が実施されていた。生徒はプロイセン西部やシュレージエンの貴族の子弟が中心で、市民出身は例外であった。

図７　左からボルコ、陸軍幼年学校時代のマンフレート、ローター

マンフレート・フォン・リヒトホーフェンのほかに、この幼年学校の卒業生で有名なのはのちに元帥やヴァイマル共和国大統領となったパウル・フォン・ヒンデンブルク（１８４７～１９３４）で、11歳から15歳までの時期を、１８５９年から62年まで在籍した。

この時期の兄のことを、後年のボルコが記している。「かくして、マンフレートは幼年学校時代も耐え抜いたのだが、この種の教育と青少年の待遇をけっして好んではいなかった。けれども、歯を食いしばり、両親のいる実家で休暇を過ごしたときも一度もこぼすことはなかった」。

弟ボルコにとっては、厳しい軍隊教育をものともせず、不満ももらさないマンフレートは自慢の兄だったが、マンフレート自身は以下のように幼年学校時代をふりかえっている。

授業はこれといって好きではなかった。わたしはすぐれた頭脳のもち主でもなかった。進級するための必要最低限のこととしかいつもやらなかった。わたしの考えでは、それ以上するべきものではなかったし、「充分」とされる以上の課題を提出することは立身出世主義だと思ったからである。その当然の帰結として、教師たちによるわたしの評価はおもわしくなかった。これに対して、スポーツ関係は好きで、体操、サッカーなどは大のお気に入りだった。思うに、鉄棒競技ではわたしにできない回転技はなかっただろう。それゆえ、指導官からすぐに賞をいくつか授与されたのだった。

学業には身を入れなかったが、身体能力が高かったマンフレートは、いわゆる体育科目だけは真剣に取り組み、楽しんでいたようである。自伝には、友人といっしょにヴァールシュタットの教会にある尖塔に登り、避雷針にハンカチを結びつける児戯をしたと記されている。のちにこの幼年学校に在籍していた末弟ボルコを訪ねた際、そのハンカチが依然として結びつけられていたのを確認したともある。マンフレートの高い身体能力と大胆不敵さは少年時代からのものだったようだ。

なお、自伝の注が伝えるところでは、この友人の名はヘルムート・ゲルハルト・フォン・フランケンベルク・ウント・ルートヴィヒスドルフ（1893〜1914）で、第一次世界大戦勃発後まもない8月に西部戦線のヴィルテン（現ベルギーのヴィルトン）で戦死している。

ヴァールシュタット幼年学校で6年間を過ごして17歳になったマンフレートは、ベルリンのグロース・リヒターフェルデの中央幼年学校（Hauptkadettenanstalt）に転校した。ドイツ帝国の幼年学校生はどの地域の幼年学校を修了しても、グロース・リヒターフェルデの中央幼年学校で学ぶことになっていたからである。日本では「士官学校」にあたる。

この中央幼年学校の生徒は皇帝直属の精鋭部隊の近衛兵に所属しており、ヴィルヘルム２世治下のドイツでは最高の名誉に浴した。１９０３年の時点では、生徒２４７０名、士官１９６名、教師１２０名、職員２８８名が在籍していた。

１日のスケジュールは以下のとおり。

5時30分　起床
6時00分　食堂までの室内行進、朝食、懸垂、授業の準備
7時00分　点呼、朝の礼拝
7時20分　授業開始
10時50分　休憩と軽食、休憩後に野外での兵器学と軍事演習
13時00分　午前の授業終了、昼の点呼、郵便物配布、命令通達、教練と行軍訓練、当直の生徒による食前の昼の礼拝、食堂での昼食
午後　教練、体操、水泳、フェンシング、射撃、日によっては乗馬、舞踊の授業
19時00分　食堂への中隊ごとの移動と夕食、その後に自由時間、装備品の点検
22時00分　門限合図と就寝

これが数年間、週末以外は毎日繰り返されるのであって、いわゆる座学として1日3回の50分授業がおこなわれるほかは、すべてが軍事教練と身体鍛錬であった。

ニコラス・ライトの伝記によると、マンフレートの好きな科目は軍事史と戦略である。カール・フォン・クラウゼヴィッツ（1780～1831）の『戦争論』（1832～35）も教科書に使用された。

マンフレートは中央幼年学校での生活についても残している。「リヒターフェルデは、以前よりもずっと好ましく思われた。もはや世間から隔離されることなく、人並み以上の生活がはじまった。リヒターフェルデでのもっともすばらしい思い出は大きな競馬大会で、何度もフリードリヒ・カール王子とともに戦ったり、競いあったりした。王子はこの当時、いくたびも優勝した。王子とは徒競走やサッカーなどで戦ったが、わたしの身体鍛錬は彼ほど完全ではなかった」。

この王子フリードリヒ・カール・フォン・プロイセン（1893～1917）は、1912年のオリンピック・ストックホルム大会に馬術選手として出場し、銅メダルを獲得した。マンフレートが身体能力で劣っているのを素直に認めているのも、無理からぬところである。

フリードリヒ・カールは、第一次世界大戦でマンフレートが最初に配属された第2戦闘機中隊（Jagdstaffel 2）に所属した。1917年3月下旬に攻撃を受けて、不時着後、オーストラリア人部隊の攻撃で重傷を負い、捕虜となったが、翌月の自身の誕生日に死去した。

グロース・リヒターフェルデ時代では、マンフレートが特別な親交をむすんだ同輩たちはいない。というのも、休暇になるとすぐにシュヴァイトニッツの実家に戻り、少年時代からのかけがえのない趣味だった狩猟に明け暮れたからである。中央幼年学校はポツダムに近く、彼もダンスレッスンのためにポツダムの社交場に出入りすることもあったが、特定の女性と出会ったというような記録はない。

### 槍騎兵隊配属

19歳のマンフレート・フォン・リヒトホーフェンが西部プロイセン第一槍騎兵《ウラーン》連隊「皇帝アレクサンドル3世」に士官候補生として着任したのは、1911年春の復活祭《イースター》のことである。この連隊は当時のドイツ領の東側国境の町ミリチュ（現ポーランド南西部）に駐屯していた（図8）。

図8　槍騎兵隊士官候補生時代のマンフレート

「わたしがこの連隊を選んだのだが、というのも、それはわが愛するシュレージエンにあり、そこにいる友人や親戚の数人がそうするようにひどく勧めてくれたからである。わが連隊での勤務はこのうえなく気に入った。若き兵士にとって、〈騎兵《カヴァレリスト》〉であることは、なんといってもすばらしかった」と、マンフレートの自伝にある。

槍騎兵隊はプロイセン軍内ではエリート部隊であり、軍装は槍《ランス》とチャプカ（ポーランド軍の伝統に由来する槍騎兵の軍帽で、上面に四角形の板がついている）が特徴的だった。1891年になってようやく、槍にくわえて、カービン銃とパラッシュ（甲騎兵用の広刃の刀）が標準武装になった。槍騎兵隊は偵察と特別に課される任務が主任務であり、軽騎兵隊が偵察部隊として用いられた。

この槍騎兵連隊に所属している期間に、マンフレートは中央幼年学校を卒業して、1912年11月19日に「少尉」に任命された。彼の回想によれば、「ついに、房付肩章《エポーレット》をいただいた。突然に〈少尉殿《ヘア・ロイトナント》〉と呼ばれて、最高に誇らしい感情になったが、そういうものだった」。

そして、騎兵少尉マンフレート・フォン・リヒトホーフェンが配属された騎兵中隊が駐屯するのは、ロシアの国境まではわずか10キロメートルの位置にある田舎町オストロヴォ（現ポーランドのオストルフ・ヴィエルコポルスキ）である。

父親から馬を贈られたマンフレートは、ルーティンワークの軍務から生じるストレスを狩猟と乗馬で発散した。1912年から14年までの間、数多くの馬術・競馬試合に出場した。たとえば毎年、騎兵が参加する「皇帝賞レース」が開催されるのだが、1913年にはポーゼン（同ポズナン）の大会で受賞している。

父が望むままの軍人の道を歩むことになった彼だが、通例として当時のドイツ陸軍で転属はごくまれだった。それゆえ、なにか重大事件が発生しなければ、マンフレートはルーティンの任務をこなして、退役するまで辺境の部隊で数十年間を過ごすはずだった。

## 2　大戦勃発と槍騎兵時代

### 開戦前夜

大戦勃発前夜の状況について、マンフレートは気楽に記している。

「すべての新聞は戦争に関する記事であふれ返っていた。しかし、数ヵ月前からもうずっと、そんな戦争の喧伝には慣れきっていた。われわれは軍務用の荷造りを頻繁におこなっており、その作業をとっくに退屈だと思っていて、もはや戦争が起こるとは信じていなかった。とはいえ、戦争のことをいちばん信じていなかったわれわれだが、国境の最前線にいて、〈軍の眼〉であったので、わが部隊指揮官はこの時期、騎兵隊での偵察を任じていた」

戦争準備が進んでいく前夜には、「われわれは国境から10キロメートルの距離に配置された騎兵中隊と士官食堂に会して、わずかな間、カードで勝負に興じていた。それは非常に楽しかった。既述のとおり、だれも戦争のことなど覚えていなかった」。

だが1914年6月28日、オーストリア＝ハンガリー帝国の王位継承者フランツ・フェルディナント（1863〜1914）と妻がサラエボで暗殺された。そして、ひと月後の7月28日にオーストリア＝ハンガリー帝国がセルビアに宣戦布告したのを契機として、第一次世界大戦の幕が切って落とされる。

開戦前夜、当時はニーダーシュレージエンのエールス（現オレシニッァ）郡行政長官だったアウグスト・フォン・コスポート伯（1864〜1917）がマンフレート所属の騎兵部隊に来訪していた。旧知のコスポート伯は国境の視察にやってきたのだが、マンフレートは数日前に同僚を訪ねてきた母親とともに朝食会を開いていたところだった。彼の自伝では、「戦争が起こりえないということを、われわれは彼にさっさと納得させて、会を続けた」と、この日のことを記している。

そして改行した後、「その翌日に、われわれは進撃した」という1文で「一等士官時代」という節をしめくくっている。この唐突な最後の文章は、実は戦争の準備が着々と進行していたという事実を、ロシア国境周縁に駐屯していたマンフレートがまったく知らされていなかったことの証左なのだ。

## 西部戦線へ

「敵軍後衛部隊の偵察」、「重要施設破壊」という命令が発令されて、マンフレートの偵察部隊はロシア国境を侵して、数日間の領内偵察をおこなった。この「初陣」では、コサック兵の一団を確認したが、戦闘はしていない。

だが、戦争はすぐにマンフレートの人生を大きく変えることになる。彼が所属する第1槍騎兵連隊は西部戦線への転属命令が下り、1914年8月15日にフランスとの国境まで鉄道で移動することになったのだ。

アルフレート・フォン・シュリーフェン伯爵（1833～1913）が考案した、いわゆる「シュリーフェン計画《プラン》」に依拠した作戦が開始されていた。まずは開戦後にフランスを電撃的に攻略し、その後に全戦力を鉄道輸送で東部へ転送して、ロシア帝国を攻撃するという戦略計画である。

8月1日にドイツ帝国皇帝ヴィルヘルム2世による総動員令への署名およびロシアへの宣戦布告がなされると、ドイツ軍主力はきわめて精確な動員態勢で西部国境へ集結した。22万両以上におよぶ2週間の鉄道輸送によって、160万人の兵力がライン川を渡河し、ケルンから中立国ベルギーを通過して、フランスへ進撃することになっていた。ロシア国境に配備されたマンフレートの槍騎兵隊も、このシュリーフェン計画によって第一次世界大戦の激戦地へと動員されたのである。

彼らに知らされていなかった終着駅は現在のフランス北東部でドイツとの国境沿いにあるディーデンホーフェン（現フランスのティオンヴィル）近郊のブーゼンドルフ（同ブゾンヴィル）で、普仏戦争後のフランクフルト講和条約でドイツ帝国領となった地域である。この数日間にわたる長い列車の旅では、マンフレートなどの将校4名には2等個室車が用意されたこと、停車駅や沿線で歓声や花束の歓迎を受けたことなどが自伝に記されている。歩兵部隊、騎兵部隊とともに、全軍団がブーゼンドルフから北へ行軍して、ルクセンブルク公国内のルクセンブルク市とエシュ市、ベルギーとの国境の町アルロンを通過して、進撃を続けた。

現在はベルギー最南端の都市ヴィルテンの戦闘は、１９１４年8月21日に開始された。翌22日にこの戦闘は終了するが、同日にドイツ軍が市民数百人を処刑したのは歴史的事実として知られている。

両日のことは、マンフレートの自伝にも記載されている。彼の槍騎兵隊はヴィルテン郊外の森林に滞在している敵軍の偵察任務についており、この森のなかでフランス軍の奇襲に遭遇したことを詳細に記しているものの、市民の処刑に関する言及はない。

ドイツ軍は8月末から9月初頭まで攻勢を強めて、首都パリを脅かした結果、フランス政府は南西部のボルドーに疎開した。だが、そこまでであった。ドイツ軍の進撃はマース川（仏語でムーズ川）沿岸の要塞都市ヴェルダンで停止、川をはさんだ両軍は膠着《こうちゃく》状態となる。

短期決戦を確信していたヴィルヘルム2世は、8月初週に兵士たちに秋までの帰還を伝えていたため、ドイツ兵たちは当初、この秋やクリスマスまでには戦争が終わって帰国できると信じていた。だが、膠着状態は継続し、約1年半後には両軍兵士殺戮《さつりく》の場となったヴェルダンの戦いがおこなわれる。その戦闘で、マンフレートは戦闘機パイロットとして活躍することになるのだ。

この時期のマンフレートによる、パイロットに対しての興味深い見解がある。「当時、わが航空機パイロットたちが達成していたことをまったく想像もしなかった。ともかく、パイロットがだれであっても、わたしにはどうでもよかった。敵と味方の識別がつかなかったからである。〔……〕したがって、パイロットならだれでも砲火を浴びたものだった。それゆえ、古参のパイロットたちがいまなお語るのは、敵味方から均等に撃たれるのがいかにやりきれないかということだった」。

第一次世界大戦の初期段階では、マンフレートが率いる槍騎兵隊と同じく、航空機隊はおもに偵察に運用された。大戦後期には、航空機自体の性能、操縦方法、航空技術が発達し、戦略的運用方法も確立されていく。事実、マンフレート自身もそれらに寄与するのだが、大戦初期では、のちの撃墜王でさえ航空機の戦略的な価値に気づいてはいなかった。

### 塹壕内にて

1914年9月1日、マンフレートはヴェルダンで前線を展開している第5軍指揮下の情報将校に任命される。

ドイツ軍の侵攻が停滞すると、両軍は塹壕《ざんごう》戦に突入した。この塹壕戦こそが20世紀の戦争の新しい形態にして、第一次世界大戦の悲惨なイメージを決定づけた陣地戦である。フランドル沿岸からスイス国境まで独仏両軍は対峙した。1916年以降には、ドイツ軍では幅5、6キロメートルから10キロメートルの前線では3重の塹壕線が掘られる事態となり、塹壕の深度が20メートル以上に達することもあった。

あらゆる兵員が塹壕掘りに従事している状況も、マンフレートは伝えている。「なるほど、それらの名称〔坑道と兵站基地〕は士官学校の築城論から知ってはいたが、それはそもそも工兵の任務であって、戦闘で死すべき者が好んでなすべきではないはずだった。ところが、〔フランス北部の〕このコンブル高地の前線では、せっせと掘ることがすべてだった。だれもがショベルとピッケルを所持していて、できるかぎり深く地中に潜りこむために、終わりなき労力を払っていた」

若き士官マンフレートはこうした塹壕戦に興が乗らなかったらしく、その塹壕生活を「ヴェルダン前線での退屈」というタイトルの節で記している。

わたしのような非常に落ち着かない精神の人間にとって、ヴェルダンの前線での行動は一貫して「退屈」そのものだった。当初、わたし自身は塹壕内でなにも発生しない部署にいた。それから、本部付将校になったために、もっと多くのことを体験すると信じていた。ところが、もっと手ひどい目にあってしまった。戦闘員だったつもりが、後方勤務の体《てい》のよい卑怯者として地下に埋められてしまったのだ。現実には兵站基地ではなかったが、前進が許される最大距離は、はるか前線後方の1500メートルまでだった。そこで何週間も地中で、暖房がきいた防空壕のなかに座していた。ときおりは、ほかの者たちとともに前線のほうへ配置されることもあった。だが、この状態は大きな身体的苦痛だった。というのも、上方下方、縦横へと、たくさんの塹壕間の通路や泥だまりの穴を際限なく通り抜けて、ようやく銃撃のある前線へとたどり着いたからである。戦闘中の兵士たちのもとにごく短時間おとずれると、健康なわが身がばかばかしく思えた。

このような幻滅をマンフレートが体験したことは、その若さのみに起因するものではない。第一次世界大戦が勃発した1914年という時期には、戦争そのものが遠い昔話となっていた。解放戦争でプロイセン、オーストリア、ロシアの連合軍がナポレオン率いるフランス軍に勝利したライプツィヒの戦いは約100年前、ドイツ連邦統一の主導権を争い、オーストリアに勝利した普墺《ふおう》戦争（1866年）、第2帝政時代のフランスを破り、ドイツ帝国を成立させた普仏戦争（1870～71年）もほぼ半世紀前の戦争である。この戦争以降、ヨーロッパは大きな戦争を経験していなかった。

そして、かつての戦争の花形といってよいのが、マンフレートが所属する槍騎兵隊だった。騎兵がサーベルを振るい、銃剣を装備した歩兵が突撃するという戦場のイメージは遠い過去のものとなっていたのである。それゆえ、かつての戦場について父親から聞いていただろうはずの騎兵将校マンフレートが塹壕戦に失望したのも、無理からぬことだった。

だが、凄惨な塹壕戦は、たとえばルイス・マイルストン監督の反戦映画の古典『西部戦線異状なし』（1930年）でリアルに描写されている。塹壕内に掘られた小部屋で歩兵たちが砲撃を耐え忍び、突撃してくるフランス兵を機関銃斉射でなぎ倒すが、反撃を突破して、塹壕になだれこんでくる敵兵との肉弾戦の場面など、とにかく敵味方関係なく、多くの兵士が延々と戦死していく消耗戦である。

とはいえ、この塹壕戦のなかで、彼は9月23日に第2級鉄十字勲章を授与されている。鉄十字勲章は、ナポレオン解放戦争の際に、プロイセン王フリードリヒ・ヴィルヘルム3世（1770〜1840）が制定した軍事功労賞に由来しており、第一次世界大戦時に再び制定されたものである。

翌月には弟ローターにも第2級鉄十字勲章が授与された。この1914年当時、第2級鉄十字勲章はいまだ高級な功労賞だったが、しかし1918年までにドイツの兵士と士官に贈られた総数は500万個におよんだ。そうした大量授与の総数こそは、第一次世界大戦が「総力戦」であったことを示すと同時に、この「消耗戦」での戦意高揚の安価なアイテムに下落していったことを物語っている。

ヴェルダンでの塹壕戦に不満を覚えながらも、マンフレートは休暇時には前線近郊の森で生涯の趣味である狩猟に明け暮れた。「ばあさん《アルテ・タンテ》」と呼んだ雌ブタや異様な巨大さを誇る雄イノシシをしとめて、後者の頭部を実家の自室にトロフィーとして飾っていると記した。西部戦線でも、彼は狩猟で塹壕内での不満を発散していたのだ。そして、要塞都市ヴェルダンで対峙したまま、両軍はクリスマスを迎え、マンフレートも前線でイエスの誕生日を祝った。

翌年1915年1月1日に、後方の兵站での単調な任務から逃れるために、ヴェルダンの最前線への配置転換を願い出た。2週間後にアヴィエに展開する第18歩兵旅団の司令部つきの伝令将校になるも、最前線からはほど遠かった。

翌月2月26日は、ヴェルダンから約20キロ北西に位置するマランクールの森で、第10予備役歩兵連隊が火炎放射器を実戦に使用した。背嚢《はいのう》装備型の個人用火炎放射器は約25メートルの放射距離を有しており、膠着した塹壕戦を打破する効果が期待された。火炎放射器の登場もまた、近代戦のシンボルとなった。同種の武装によるマンツーマンでの戦闘から、可能なかぎり大量の人的資源を最大限効果的に殲滅《せんめつ》させるという新たな段階の戦闘へと移行したのである。

ところで、この時期のこととして、「閣下！　わたしが戦争にきたのは、チーズと卵を集めるためではなくて、まったく別の目的のためなのです」と記した請願書を自軍の司令官に送ったと、マンフレートは自伝に記している。軍隊という組織のありかたを一考すると、いくら彼が将校とはいえ、かなり不遜な越権行為のように思われるのだが、いかがだろうか。この文書は写しなどもいっさい伝承されていないために、真相は謎である。

いずれにしても、マンフレート自身がヴェルダンでの戦闘に直接、関与できないことにかなりのフラストレーションを蓄積させていたはずで、創設間もない空軍への転属を期待するようになっていた。5月21日付の母クニグンデ宛て書簡で「自分はパイロットになります」と伝えており、現実に5月30日にマンフレートは空軍部隊へと転属となった。自伝には「かくして、わが最大の望みはかなえられた」とある。

## 3 パイロット候補生と偵察員時代

### ケルンでの初飛行

1915年5月30日、選抜された30人の下士官のうちの1人として、マンフレートはケルンの「第7飛行訓練隊」(Flieger-Ersatz-Abteilung 7, FEA 7) でのパイロット養成課程を受けることになった。操縦、地図読解、偵察撮影、航空機とエンジンの構造理解、爆弾投下方法、飛行理論などを習得する30日間の座学と15時間の飛行訓練のコースである。「初めての空へ!」というタイトルで、マンフレートは偵察員として空を飛んだ初体験を感動的に記している。少し長いが、引用したい。

その日の早朝7時に、初めて航空機に同乗させてもらうことになっていた! いくらか無理からぬ興奮状態にあって、それゆえ、なにも想像できなかった。たずねた人はだれもが異なる答えを自信たっぷりに返してきた。前日の夜、いつもよりも早く就寝したのは、翌日のこの偉大な瞬間が新鮮だったからだ。飛行場に車で乗りつけると、航空機に初めて搭乗した。プロペラからの風はなんとも恐ろしい勢いで吹きつけた。操縦士との意思疎通ができなかった。すべてのものが吹き飛んでいった。取り出した紙片は飛び去った。わたしの飛行帽はずれ落ちそうになり、マフラーはゆるみ、飛行服はボタンがはずれて、つまるところ、まったくひどいありさまだった。それどころか、心の準備ができていなかったにもかかわらず、操縦士がアクセル全開で踏みこむと、機体が進みはじめ、勢いよく発進した。どんどん加速していく。わたしは懸命にしがみついた。突然に振動がやみ、機体が浮かびあがった。大地はわが足もとへと消え去った。

自分がどこへ飛ぶべきか、つまり、操縦士にどこへむかうかを自分で指示しなければならないことは聞かされていた。われわれは最初に直線飛行をしてから、１８０度旋回、さらにもう一度旋回、右回り、つぎは左回りすると、自身の飛行場の位置についての方向感覚をうしなった。自分がどこにいるのか、まったくわからない！　とにかく落ち着いて、眼下に広がる地帯をながめはじめた。人間たちが粒のように小さく、家々は子どもの積み木のようで、すべてはかわいらしくて繊細だった。その後方にケルンがあった。大聖堂はおもちゃみたいだ。けれども、すべての頭上に浮かんでいるのは、崇高な感情だった。だれがわたしにちょっかいを出してくることができようか？　だれもいない！　自分がどこにいるのかがわからないのは、もうまったくどうでもよくて、そろそろ着陸しなければならないと、操縦士が伝えてきたときはじつに悲しかった。

ライト兄弟が有人動力飛行に成功した1903年からまだ12年しかたっていない時期のことである。空を飛ぶという稀少な体験をした人間による未知の体験描写がみずみずしい。「すぐさま再び飛びたくてたまらなくなった」と続けるマンフレートだが、のちに撃墜王と呼ばれる人物の初飛行の感想だと思うと、趣深い。

ちなみに第一次世界大戦開戦当時には、独立した「空軍」という軍事組織は世界各国に存在しなかった。航空部隊は固有の兵力ではなく、陸軍の管轄下にあった。ドイツ軍は航空機に着目するのに出遅れていたが、軍が興味を示すようになると、1912年には航空機メーカー12社がドイツ国内で並立していた。

1910年7月にブランデンブルク地方ハーフェルラントのデーベリッツに、教官1名と練習生4名という最初の飛行学校と飛行場が創設されたのちに、プロイセン陸軍内に空軍部隊が航空部隊監察局(Inspektion der Fliegertruppen, IdFlieg)によって設立されたのは、1913年10月1日のことである。

大戦初期での航空部隊の役割は敵軍の位置探索、要は偵察であって、ツェッペリン飛行船、係留気球、騎兵、カメラを装着した伝書鳩を補完するものだった。野戦では、航空機による偵察は騎兵よりも非常に効果的であった。それゆえ、偵察機の活動を阻止するために、敵側の航空機も離陸してくるのだが、その場合、カービン銃や速射拳銃で応戦した。

この時期の偵察機は複座式が多く、原則的に下士官がパイロットで、将校が機上偵察員というペアで偵察任務をおこなった。偵察員はその主任務のほか、ナヴィゲーション、爆撃を担当した（図9）。

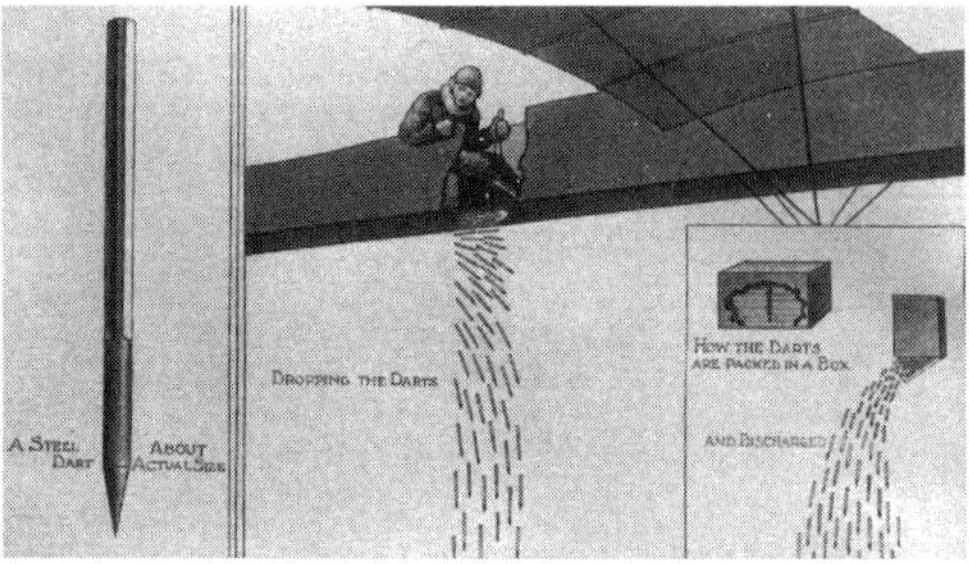


図9　フリーガープファイル（飛行士の矢）、1000本のスティール矢が内蔵された箱のことで、大戦初期の「空爆」例である

戦争が推移していった1916年には、操縦士の軍事的意義が変化するのだが、この当時のマンフレートはまだ偵察員であって、みずから操縦していなかった。撃墜王誕生までには、航空機の改良と空中での戦闘技術が変遷していく時間が必要だったのだ。

## 東部戦線での偵察機搭乗員

ケルンでの1ヵ月間の教練に続いて、ドレスデン近郊のグローセンハインで2週間の飛行訓練を終えたのちの1915年7月中旬に、マンフレート・フォン・リヒトホーフェンは設立まもない第69野戦飛行隊（Feldflieger-Abteilung 69）に配属される。この部隊は実働飛行部隊で、ガリツィア地域のレンブルク（ウクライナ語でリヴィウ）近郊のラーヴァ＝ルーシカに配置されていた。ガリツィアはウクライナ西部とポーランド南部の地域で、マンフレートは再び東部戦線に転属したのだった。

第69野戦飛行隊は、同じく新設されたばかりの第11軍司令官アウグスト・フォン・マッケンゼン（1849〜1945）の指揮下にあり、ガリツィアとポーランドのロシア軍の偵察が主任務だった。マッケンゼンはこの時期、ポーランド東南部のゴルリツェでロシア軍を撃破し、進撃中であった。

マンフレートはラーヴァ＝ルーシカを包囲していた第11軍の第69野戦飛行隊に配属されると、ゲオルク・ツォイマー中尉（1890〜1917）が操縦士となって、2人で偵察機に搭乗した。マンフレートはツォイマーを「名人《カノーネ》」と記している。また自伝執筆時の1917年には、彼が最初に所属したこの部隊で生き残っているのは、自分1人だと記しているとおり、ツォイマーは1917年6月中旬に戦死する。この操縦士とマンフレートはコンビを組んで、偵察任務を遂行した。

「いまや、まさしくわが最高のときだった。任務は騎兵隊のものとかなり似ているところが多かった。毎日午前午後に偵察飛行で空を飛べた。たくさんのすばらしい情報を入手して帰還した」と、マンフレートは第11軍の飛行部隊への転属と任務に満足している。

偵察員は操縦士の操縦技術に自分の生命を託さなければならず、また偵察員は正しくナヴィゲートしなければならない。それゆえ、両者はよいチームとなる必要がある。ちなみに航空用語では、操縦士を「エーミール」、偵察員を「フランツ」と呼ぶのだが、マンフレートもこの2語を自伝内で使用している。

ハインツ・キュッパー編纂『図版日常ドイツ語辞典』をひもとくと、「エーミール」は「航空機操縦士。由来不明。両大戦での航空用語」とある。「フランツ」も「航空機の偵察員。皇帝が参加した1912年の演習で窮状におちいった操縦士が、ペアの偵察員の名前を知りたがったヴィルヘルム2世に対して答えた名前に由来するという」。

また同書には、フランツを動詞化した「フランツェン」(franzen) が掲載されており、意味は「航空機から情報を提供する」、「航空機を誘導する」、さらに動詞「フェアフランツェン」(verfranzen) は「飛んでいて方角を見失う」、「完全に道に迷う、道を誤る」である。マンフレート自身も飛行中に迷ってしまった際のことを自伝で記すときに、この語を使用しており、これらの航空用語は今なおドイツ語に残って、日常語になっている。

そして、ツォイマーとマンフレートは、「エーミール」と「フランツ」の優れたコンビネーションを発揮して、任務に邁進《まいしん》した。母クニグンデ宛て書簡では、「ほぼ毎日、敵軍の頭上を飛行し、情報をもたらしています。3日前のロシア軍の撤退も報告しました。司令部付将校をつとめることは非常に楽しく、むしろそれ以上のものです。〔……〕ここで仕事をはじめてすでに14日過ぎました。したがって、わたしの養成教育はほぼ4週間続いたことになります。養育課程参加者のなかでは、わたしが戦場飛行部門のトップです」と、歓喜をこめて伝えている。
この時期にマンフレートに小さからぬ影響を与えた重要な人物がいる。騎兵大尉エーリヒ・フォン・ホルク伯爵（1886〜1916）である。ホルクが第69野戦飛行隊に転属してくるのを知ったとき、マンフレートはあらゆる手段を講じて、彼の偵察員となった。
外交官の息子としてメキシコで生まれたホルクは、開戦以前から有名な障害物レース騎手だった。当時23歳のマンフレートにとって、父アルブレヒトと同階級の騎兵大尉で、騎手としても秀逸だった29歳のホルクは、大きな憧憬だったにちがいない。

ホルク伯爵は競技場のスポーツマンであるだけでなく、飛行スポーツにも少なからず満足していたようだった。彼は稀有の才能をもった操縦士で、とりわけさらに肝心なのは、総じて敵に対しても一流の態度を示した。われわれはすばらしい偵察飛行をいくたびもおこなったが、余人にはわからないほど、ロシア領の奥深くまで突き進んだ。これほど若い操縦士と飛行しているにもかかわらず、わたしに不安の感情はなく、むしろ彼は危険な瞬間に自分を支えてくれた。周囲を見回して、彼の毅然とした顔をみると、再びもう一度、喪失する以前と同様の勇気が出た。

マンフレートのホルク評は、父親への尊敬の念のようなものが感じられる。ほかにも、ホルクとの偵察飛行中のエンジントラブルによる不時着も詳細に記され、意外に紙数が割かれていることからしても、ホルクとの任務の日々は忘れがたい思い出だったのだろう。

それゆえホルクの戦死についても、自伝には1節がもうけられている。

1916年4月30日に、1機のドイツ機が突然出現した10機ほどのフランス機に包囲、追いつめられて、積乱雲に突入、消失したのをマンフレートは目撃する。帰投後にあのドイツ機のパイロットがホルクであり、撃墜されたことを知るのだ。同年春のヴェルダン攻勢直前に、ホルクは戦闘機操縦士になったばかりであった。

「ホルク伯爵は頭部に銃撃を受けて、急角度で墜落した。それはわたしにひどい心痛をもたらした。というのも、彼は気概をもった男の模範であるだけでなく、人間としてもまさに稀有の個性をもった人物だったからである」と回想している。

## 西部戦線転属と操縦士試験

1915年8月、マンフレートは再度の西部戦線への転属を命じられる。同月21日にブリュッセルへ列車で到着すると、東部戦線のガリツィア地域でコンビを組んでいた「エーミール」のゲオルク・ツォイマーが迎えに来てくれたことに感動している。そこからは、2人でベルギー北西部沿岸の都市オストエンデ（オランダ語でオーステンデ）へむかった。第一次世界大戦中はドイツが占領しており、Uボートの基地もあった町である。

マンフレートが新しく配属されたのは、１９１４年11月下旬に設立されて、第４軍管轄下にあったオストエンデ伝書鳩部隊（BAO, Brieftauben-Abteilung Ostende）である。この部隊名は偽名で、１９１５年末には第１戦闘大隊（Kampfgeschwader Nr. 1, KAGOHL 1）と改称、メッツ伝書鳩部隊は第2戦闘大隊と改称した。この時期にイギリスへの爆撃を目的として開発されていたのは、ＡＥＧ社の双発エンジン爆撃機Ｇシリーズである。ＡＥＧ社は当時、巨大企業としてジーメンス社と双璧をなす巨大多国籍企業であった。

港町オストエンデでは、軍が接収した海辺のホテルで海水浴やテラスでのコーヒーを楽しむなど安逸に過ごす一方で、マンフレートは再びツォイマーとコンビを組んで、実習を重ねた。

敵機と遭遇する機会は少なかったが、「戦闘機操縦士の見習い期間として不可欠な時間だった」と伝えている。そして、彼はこのオストエンデで英軍の潜水艦偵察、英軍への爆撃、さらには初めての空中戦を体験した。

機密ゆえだろう、彼の乗機は、自伝では「大型爆撃機」（Großkampfflugzeug）としか記されていない。当初はＡＥＧ社のＧシリーズに関心が高かったマンフレートだが、「エペルケーネ」（Äppelkähne, ぶかっこうな舟の意）とも侮蔑的に書いたのは、軽快な戦闘機に搭乗するようになった経験からだと思われる。とはいえ、マンフレートはコパイロット（副操縦士）としての爆撃体験を率直に書き残している。

この爆撃にどのような効果があるのかを確認するのは、当然ながら非常に興味深い。少なくとも命中しているのか、いつも目視したくなるものである。わが大型爆撃機は爆装にはまさに最適なのだが、投下した爆弾が着弾しているかを目視するのが困難という不便な性質だった。というのも、投下後すぐに目標の上空を通過するので、機翼が完全に目標に覆いかぶさってしまうからである。いつもわたしを腹立たせたのは、そうなると、爆撃の楽しみがほぼなくなってしまうからだった。下方で爆発後、灰色の爆雲がもくもくとあがるのがみえて、目標の近辺に立ちのぼると、一段と気もちがよいのだ。

これは、マンフレートが戦争を楽しんでいるのを明示しているのではなく、戦争という非日常のなかで兵士の任務や職分に対する達成感がどういうものなのかを教示するものといえよう。

## オスヴァルト・ベルケとの出会い

この1915年9月1日に、マンフレートとツォイマーが乗るGシリーズは英軍機と遭遇、初の空戦をおこなった。自伝によると、敵機は英軍属のファルマン複座機で、双方で激しく撃ちあったものの、英軍機は逃走していった。ツォイマーとマンフレートは関係が悪化するほど、おたがいを非難したとある。

それでも、同年9月にツォイマーがメッツ伝書鳩部隊に転属すると、マンフレートもまた、同部隊への移籍を願い出た。その結果、翌10月1日にメッツ（仏語でメス）へ鉄道で移動した。理由はツォイマーからパイロット訓練の個人教授を続けてもらうためである。この時期、フランス北部の都市メッツは普仏戦争後のフランクフルト講和条約でドイツ領となっていた。メッツは後述するフリーダ・フォン・リヒトホーフェンの生誕地で、1879年8月11日に生まれている。

そしてまったく偶然だが、この鉄道旅行で運命的な出会いがマンフレートを待っていた。戦況はシャンパーニュの戦いが熾烈《しれつ》をきわめていた時期のことである。食堂車内でとなりのテーブルに座っていたオスヴァルト・ベルケ（1891〜1916）と邂逅したのだ（図10）。

航空機による戦闘がようやく空戦史に刻印されはじめたばかりのこの時期に、ベルケはすでに4機撃墜のスコアを有しており、翌1916年1月にプール・ル・メリット勲章を授与された最初期のエースパイロットである。

この時点でいまだ撃墜経験がなかったマンフレートは、軍事広報で知ったベルケに強い関心をいだいて、「若い目立たない少尉」と自記するところのベルケに自分から話しかけたのだ。この邂逅における同年齢かつ同階級の若者2人の会話は、のちに伝説として語られることになる。

「そもそも、あなたはどのようにしていらっしゃるのか、なんとか話していただけませんでしょうか」

「ええ、なんてことない、まったく簡単なことです。さっと近くへと飛んでいって、しっかりと狙いをつけるのです、そうすると、相手はこともなく落ちていきます」

ベルケの回答に対して、マンフレートはただうなずいたが、内心では異なることを考えていた。「自分もそうしているのだが、敵機は墜落しない。そのちがいは、彼がフォッカーに乗っているのに対して、自分の場合は大型戦闘機に乗っているということだ」。

このエピソードが興味深いのは、ベルケ自身は搭乗機のちがいを意識せず、技術論を話しているのだが、マンフレートは戦闘機のサイズや運動性の問題だと認識していることである。ベルケの搭乗機はフォッカーE.Ⅲで、1915年8月に西部戦線に投入された単葉機であった。のちにマンフレートの乗機として名を馳せるのは、その後継機フォッカーDr.Ⅰである。

図10　オスヴァルト・ベルケ、胸もとにはプール・ル・メリット勲章が輝く

初邂逅ののち、2人はメッツでカードや散歩をする友人となった。ベルケに同じことを何度も質問して、マンフレートが結論にたどりついたのは、ベルケの言

図11　ベルケやインメルマンが搭乗したフォッカーE. Ⅲ

葉に後押しされたからである。

「きみ自身がフォッカーの操縦を習ってみるのはどうだ、そうすれば、もっとうまくいくかもしれない」

その言葉どおりに、マンフレート・フォン・リヒトホーフェンは操縦士の訓練を受けて、ソロパイロットとしてデビューすることになる。

## 初単独飛行と非公認撃墜

教官ツォイマーに操縦を教わっていたマンフレートが初めて単独飛行に挑戦したのは、1915年10月10日のことである。ツォイマーが許可したのだ。彼はもう一度、あらゆる操縦のコツを理論的に説明したのだが、マンフレートはそもそも半分しか頭に入っておらず、失礼にも話半分で聴いていたと記している。それゆえだろうか、彼の初単独飛行は失敗に終わった。

離陸地点まで進み、アクセルを踏む。機体が一定の速度を出すと、自分がじっさいに飛ぶということを確認せざるをえなくなった。最終的に不安は払拭されて、大胆な感情が頭をもたげてきた。もう今はどうでもよくなった。今やなにが起ころうとも、なにに対しても、もはや恐怖はなかっただろう。死の恐怖をおさえて、大きく左カーブを描きながら、厳格に指定された木のところでエンジンを停止して、つぎに起こるだろうことを待った。つまり、着陸という最大の難事である。必要な操作は頭のなかに充分に入っていた。それを機械的におこなったのだが、ツォイマーが座っているときとはまったく異なる反応を機体はみせた。機体はバランスを失って、数度まちがった動きをして、逆立ちしてから、もう一度「練習機」の体裁に戻った。

第一次世界大戦でもっとも有名になる撃墜王のソロ操縦士デビューとしては散々な結果だが、軽傷を負ったのみで、２日後の再度の挑戦では問題なく乗りこなせた。だが、２週間後の飛行士試験では、本人は上首尾だと思っていたものの、不合格だった。

それゆえ、マンフレートは11月15日付の転属命令によって西部戦線を離脱し、ブランデンブルク地方のデーベリッツの養成学校に出向するが、皮肉にも出発前の10月に初の撃墜を体験する。このときの乗機はアルバトロスC.Ⅲ、操縦士パウル・フォン・オステロート中尉（１８８７～１９１７）とのペアで、敵機は「ファルマン複座機」である。

オステロートは非常に巧みに敵機に隣接してくれたので、うまく銃撃できた。敵機はわれわれにおそらく気づいていなかったらしい。というのも、こちらの銃弾をすべて撃ち終わったときに、ようやく反撃してきたからである。百発の弾丸ケースを撃ちつくしたのちに、敵機が突然にまったく奇妙なスパイラルを描いて墜落していくさまは、わが眼が信じられないような感じだった。

この当時は、敵前線内での撃墜は非公認であったために、未確認に該当したが、マンフレートはコパイロットとしての初撃墜という戦果に大満足だった。

## デーベリッツにて

ベルリンの南西20キロメートルに位置するデーベリッツのパイロット養成学校は、新米操縦士のためのドイツ帝国の中央養成機関で、理論のほか、とりわけ実技経験を重視する訓練をおこなった。

マンフレートは11月15日にゴータ戦闘機で降り立って、たとえば高度8000メートルから2000メートル間で敢行する定点着陸などの訓練を数週間受けた。

デーベリッツでの訓練期間について、彼が嬉々として記しているのは、またもや狩猟の思い出である。飛行場外で着陸する「場外着陸」訓練時に、野豚猟を楽しんだことを回想している。幼年学校時代と同様に、夜の自由時間でも、デーベリッツ周辺の森林での狩猟に余念がなかった。

一方で、同僚たちは近郊のベルリンの繁華街ティアガルテンで年ごろの娘と逢瀬を重ねていたはずである。マンフレートの幼少時からの狩猟熱と、女性への異常なほどの無関心さは、彼のストイックさを表す伝説の一つである。

デーベリッツでの三度目の飛行士試験でマンフレート・フォン・リヒトホーフェンがようやく飛行士免許の合格通知を手にするのは、同年12月24日であった。いっしょに試験を受けたのは、ボードー・フォン・リュンカー中尉（1894～1917）で、マンフレートとは軍人としての気質も適合したらしく、「愛すべき男」と記されている。

かくして、彼の戦闘機パイロットとしての短い生涯の幕が開いたのだ。

## 4　伝説のはじまり

### アントニー・フォッカーとプロペラ同調装置

1915年のクリスマスイブにパイロット試験に合格したマンフレートは翌1916年1月、ドイツ東北部の湖畔の工業都市シュヴェリーンにあるフォッカー社の工場にいた。そこで、いわゆる「プロペラ同調装置《アエロプラーンバウ》」を搭載した航空機を初めて眼にしている。

フォッカー航空機製造はインドネシアで生まれたオランダ人企業家にして発明家であるアン

トン・ヘルマン・ゲラルド・フォッカー（1890〜1939）、通称アントニー・フォッカーが1912年にベルリンで設立した航空機メーカーである（図12）。この若き天才企業家は、すでに25歳でドイツ国内に6つの航空機・エンジン工場を所有していた。

図12　アントニー・フォッカー

彼の商才を語る逸話は多く、大戦勃発以前から来るべき軍用機の有用性を認識していた。プロイセンの国防大臣エーリヒ・フォン・ファルケンハイン（1861〜1922）をベルリン近郊のヨハニスタール＝アードラースホーフの飛行場に招待し、自社の航空機が高度1000メートルから垂直降下して着陸するところをその眼前で実演してみせたのである。

大戦当初、航空機は偵察が主任務ゆえに非武装で、パイロット自身が銃やピストルで武装、発砲するのが唯一の攻撃方法だった。ところが、フォッカーは機関銃を航空機に搭載して前方を射撃できるシステムを開発する。それがすなわち、「プロペラ同調装置」であった。これは、パイロットの座席に機関銃を装備して、発砲すると、機体前方で回転しているプロペラの羽に弾丸が命中してしまうのだが、エンジンの回転と機関銃を同調させて、プロペラの羽に銃弾が命中しないように発砲できる仕組みである。

　アントニー・フォッカーが1915年4月にこのシステムを48時間、たった2日間で発案したという伝説は有名だが、事実は異なるようだ。1915年4月18日、ドイツ陸軍がフランス人エースパイロットのローラン・ギャロス（1888～1918）の機体の鹵獲《ろかく》に成功した。この単葉機モラーヌ・ソルニエLには、ギャロス自身が考案したという、プロペラの羽に当たらないように工夫された機銃が装備されていたのだ。鹵獲機体は迅速にデーベリッツの秘密格納庫に移送、解析された。

　この技術を改良したのが、実はフォッカー社のハインリヒ・リュッベ（1884～1940）という技師で、機関銃とエンジンを同調させる技術を開発したという。フォッカーはリュッベのことを生前は黙秘していたというのが真相のようである。

　ローラン・ギャロスは地中海横断飛行を初めて成功させたパイロットで、捕虜になっていたが、1918年2月に捕虜収容所を脱走する。パイロットに復帰したものの、30歳の誕生日の1日前の同年10月5日に撃墜された。全仏オープンのテニス・トーナメントおよびその会場は、彼の功績を顕彰して、ローラン・ギャロス・トーナメント、スタッド・ローラン・ギャロスと名づけられた。

　フォッカーE.Ⅰはプロペラ同調装置を搭載した最初の単葉機で、初撃墜はクルト・ヴィントゲンス少尉（1894〜1916）による1915年7月1日であった。前述のオスヴァルト・ベルケも同年6月30日にこの装置をテストしており、もう1人の大戦初期の撃墜王マックス・インメルマン（1890〜1916）もこのフォッカーE.Iでイギリス機を撃墜したのが、同年8月11日と記録されている。彼ら2人はプール・ル・メリット勲章を叙勲された最初のパイロットになるのだが、この青い最高勲章はインメルマンの名にちなんで、「ブルー・マックス」と呼ばれるようになった。

ちなみに、彼は現在でも「インメルマンターン」と呼ばれている空中機動を最初に発明した人物とされている。充分な速度を維持している際に、航空機の進行方向を垂直に上昇させながら、180度ループと180度ロールをおこなうことで、機体の進行方向を反転させる操縦テクニックである。インメルマンは戦闘機どうしの戦闘が黎明《れいめい》期にあった時代のパイオニアだった。

プロペラ同調装置は、フォッカーE.Iの前方への機銃掃射を可能にし、照準を容易にした。さらに、片手で機体を操縦し、もう一方の手で機銃を操作できるようになったために、操縦性能と戦闘力が飛躍的に向上したのだ。操縦桿《かん》に機関銃のトリガーを内蔵した機体も存在した。すなわち、フォッカーが開発したのは、第一次世界大戦を象徴する航空機、つまり「戦闘機」(Jagdflugzeug) なのだ。そして、マンフレートが撃墜王になれたのは、このフォッカーシリーズの寄与も大きいと考えられる。

このプロペラ同調装置により、フォッカー社とのライセンス生産によって製造された3万機分だけでも、フォッカーは第一次大戦中に総額1500万ライヒスマルクの収入を得たほか、彼自身は鉄十字勲章を授与されている（開発したのは、リュッベなのだが）。

1914年のフォッカー社シュヴェリーン工場の労働者は200人だったが、1918年には2000人を超えており、大戦中の5年間にこの工場で生産された航空機は約3400機を数えた。終戦時、フォッカーは大工場主で富豪だった。1916年1月にマンフレートがフォッカーのシュヴェリーン工場で初めて眼にしたプロペラ同調装置は、戦争と世界にこれほどの革命をもたらしたのである。

## ヴェルダン戦役と初撃墜

1916年の1月と2月をマンフレートはベルリン、故郷シュヴァイトニッツ、ブレスラウ、リューベン（ポーランド語でルビン）を周回飛行しながら、飛行訓練を続けた。

彼の不在のうちに、前年12月に自身が属するメッツ伝書鳩部隊は「第2戦闘大隊」（Kampfgeschwader Nr. 2, KAGOHL 2）へと改称、本格的な航空部隊へと編成された。この部隊は西部から東部へと両戦線を担当し、爆撃、空中戦、偵察部隊の護衛が任務だった。

1916年3月1日付で、マンフレートは第2戦闘大隊の第8戦闘中隊（Kampfstaffel 8）に配属となった。この時期、彼はいまだ大型のフォッカー複座型のパイロットで、しかも、この機の武装にはプロペラ同調装置が装備されていなかった。

さらに、この航空部隊が配備された要塞都市ヴェルダンの前線は、かつてマンフレートが無《ぶ》聊《りょう》をかこっていた時期とは異なり、1916年2月下旬以降、第一次世界大戦中でも屈指の激戦地で史上類を見ない大量の戦死者を毎日出していた。

ドイツ軍の攻撃で500平方メートルあたり8万発の榴弾がヴェルダンに降りそそいだが、陥落できずに、ごくわずかに前線が進んだのみだった。同年9月24日からのフランス軍の反撃がはじまると、すぐに前線はもとの位置まで退いた。このヴェルダンでは、1日に約6000人が戦死し、両軍あわせての戦死者はおよそ30万人であったといわれる。

この第一次世界大戦最大の戦闘のさなか、マンフレートは4月16日に第1級鉄十字勲章を叙勲された。この勲章は終戦までに21万8000個が授与されたが、それでも、第2級鉄十字勲章よりは等級が上位であった。

実はこの時期、マンフレートは小型のフォッカーEシリーズを拝領している。同僚のレオポルト・ルドルフ・ライマン准士官（1892〜1917）と共用の機体だった。「稼働しているエンジンは、まったく新しいものだった」という感想のほか、母への書簡には「フォッカーに乗っています、ベルケやインメルマンが途方もない戦果をおさめた機体です」と、感激を記している。

だが、このマンフレート初の単座フォッカー機は、ライマン搭乗中にエンジンが壊れたために不時着、破棄された。すぐに2機目が配備されたものの、マンフレートによる初飛行で離陸直後、エンジンが停止し墜落した。幸い、パイロットの彼は無事だった。後述するが、フォッカー社の小型単座機は高性能だが、不安定な機体であり、のちにエースパイロットになったマンフレートもそれを痛感することになる。

そして、彼が初撃墜を記録したのは、1916年4月26日である。この日の搭乗機は彼が主翼上部に機関銃を設置させた複座式フォッカーで、後部に偵察員を乗せて出撃した。ヴェルダン近郊ドゥオモンの南西フルーリー上空で遭遇したのは連合軍の単座式ニューポール1機で、その操縦からパイロットが新兵だと、マンフレートは認識する。

かつてないほどに、ほんとうにごく間近まで「接近」して、機関銃の発射ボタンを押した。短時間のよく狙いすました連射だ。ターゲットのニューポールは機首が垂直に下がり、きりもみ状態になった。偵察員とわたしは最初、フランス人がよくやる偽計のひとつだと思った。しかし、その状態は収束しようとせずに、またたく間に落下していった。同乗の「フランツ」がわたしのヘルメットをこづいて、「おめでとう、撃墜した！」と叫んだ。

彼自身はこの戦果を撃墜とは認めていないと自伝で記しているものの、軍の広報でも撃墜とレコードされている。とはいえ、個人での撃墜ではないために、一般的にはマンフレートの80

機撃墜の記録にふくまれていない。

## ウクライナのマンフレート

マンフレートの初撃墜から約ひと月後の5月25日、第2戦闘大隊は西部戦線からウクライナのコーヴェル（ウクライナ語でコーヴェリ）へと配置換えとなった。彼にとっては三度目の東部戦線である。コーヴェルはロシアからウクライナを経由してドイツを結ぶ重要な鉄道拠点だった。

この1916年夏、第2戦闘大隊では、マンフレートの運命を変える新しい航空部隊が構想されていた。偵察や爆撃を任務とせずに、敵の偵察機との戦闘に特化した部隊で、12機の戦闘機で構成される戦闘機中隊（Jagdstaffel）、そのドイツ語を略記して「ヤシュタ」（Jasta）と呼ばれる。このヤシュタ4ユニットでひとつの飛行隊を構成するという戦略思想が構築された。

部隊戦略の中心人物がオスヴァルト・ベルケで、マンフレートがメッツ行きの列車で知りあったエースパイロットである。マックス・インメルマンとともに、ベルケは1916年1月12日に皇帝からプール・ル・メリット勲章を授与されたドイツ空軍最初のエースと認められていた（すでに6月中旬に、インメルマンは戦死している）。この年8月の時点で、ベルケは19機の撃墜記録を有していた。

この時期はロシア軍や列車の爆撃に従事していたマンフレートだが、8月の炎天下の砂漠地帯にあるコーヴェルの飛行場に、ベルケが自身の弟をたずねてきた。もちろん、ベルケの新航空隊編成計画に興味がないわけではなかったが、現在の任務を重視したマンフレートはみずから懇願しなかったと自伝にいう。ところが、ベルケは彼を忘れてはいなかった。

翌朝は、ベルケが旅立つことになっていた。ところが早朝、突然にわたしの部屋をノックする音が聞こえると、プール・ル・メリット勲章を胸につけたあの偉大な男がわたしの前に立っていた。彼がわたしになんの用があるのか、まったくわからなかった。すでに記したように、彼のことが理解できずにいて、まさか自分の弟子にスカウトするために、ベルケがわたしに会いに来るなど思いもよらなかったのだ。自分といっしょにソンムにいく気はあるかと、彼に尋ねられたとき、ほとんどベルケの首に抱きつかんばかりだった。

１９１６年７月６日付書簡では、ベルケのもとで弟子になりたいという考えを記していたマンフレートゆえに、ベルケからの勧誘はパイロット冥利《みょうり》に尽きたはずだ。「ついに戦闘機乗りになるんです、ママ！」と、歓喜を抑えきれない様子で、母親にも伝えている。

## ベルタンクールの第２戦闘機中隊

１９１６年９月１日、マンフレート・フォン・リヒトホーフェンはベルタンクール配備の第

2戦闘機中隊（ヤシュタ2）のパイロットとなった。ベルタンクールは人口600人の村で、1917年4月上旬にイギリス軍の奇襲がドイツ軍を撤退させた「アラスの戦い」の舞台となるアラス市近郊に位置していた。

第2戦闘機中隊は当初、マンフレートをふくめた7人のパイロットと戦闘機14機の編成だったが、実戦で通用するのはいまだオスヴァルト・ベルケのみという状態だった。だが、ベルケは優秀なパイロットであるだけでなく、教官としても秀逸な才能があり、自身の飛行・戦闘技術を空戦の法則としてまとめていた。いわゆる「ディクタ・ベルケ」（ベルケの格言）、あるいはベルケの空戦8ヵ条である。

1. 攻撃をしかける前に、空戦の優位（速度、高度、数的優勢、位置どり）を確保せよ。つねに太陽の方角から攻撃せよ。
2. ひとたび攻撃をはじめたならば、最後までやりとげよ。
3. できるかぎり接近した距離から機関銃を発砲せよ、ただし確実に敵機に狙いを定めたときのみ。
4. 敵機から眼を離すな。
5. いずれの攻撃であっても、背後から敵機に接近することが必須である。
6. 敵機の急降下攻撃に対しては回避せずに、攻撃中の敵機のほうへ機首を向けよ。

7．敵の前線上空を飛ぶ場合、つねに退却を念頭に置け。
8．編隊に関しては、原則的に4機から6機による小隊を組んで攻撃せよ。一騎討ちの戦闘になったときには、わずかな僚機で敵機を襲撃するように留意せよ。

ベルケの航空隊パイロットたちは、毎日の出撃でかならず撃墜数を増やしてくる隊長のことばを信じた。のちに、マンフレートは「ベルケがわれわれに語ったことはそれゆえ、福音のようだった」と語っている。空戦の歴史が記されはじめたばかりの時代に、教本は存在しない。ベルケの空戦経験と技術は、その「格言」と訓練を通じて、彼を尊敬する若いパイロットたちに教授されていった。

そして、彼らの真価はソンムの戦いで問われることになるのだ。

### ソンムの戦い

1916年7月1日から11月18日まで続いたフランス北部ソンム河畔での会戦は要塞都市ヴェルダン攻略戦よりもさらに大規模だった。英仏の連合国軍による大攻勢であったが、戦線はドイツ側がわずかに後退したのみで、第一次世界大戦最大の死傷者を出して、惨憺《さんたん》たる悪夢となった。イギリス軍40万人以上、フランス軍約20万人、一方のドイツ軍側も60万人が死傷したとされる。このソンムの戦いで同年9月15日にイギリス軍はMk．I戦車を史上初の実戦に投入した。

第一次世界大戦は多くの新兵器が投入された総力戦だった。航空機はもちろん、１９１５年4月22日、ドイツ軍はベルギー西部の都市イーペルでの戦闘で毒ガスを使用している。

そしてソンムの会戦で、ドイツ軍が偵察機、爆撃機にくわえて、新しく投入したのは戦闘機部隊である。地上部隊を支援するための航空戦力として実戦投入された部隊が、ドイツ空軍として編成され、陸と空の戦力のコンビネーションがうまく機能するようになるのは１９１７年春のことだった。

１９１６年9月16日に第2戦闘機中隊に単座で複葉の新型戦闘機アルバトロスD.Ⅱが配備された。同日、実装された機関銃をベルケの弟子たちは試射している。翌日17日についにベルケはこの配備されたばかりの新型を駆って、みずからが育成した新人パイロット7名を率いて出撃する。

遭遇したのはイギリス軍の爆撃機8機および同数の護衛機、合計16機の編隊である。2倍の戦力を誇る英軍編隊に対して、ベルケはみずからの編隊を迅速に上昇させ、太陽を背にした位置から下方に展開する英軍機に襲いかかった。このとき、初めての単座戦闘機による編隊を組んだ空戦に、マンフレートは緊張を抑えられなかった。

ベルケは先頭の機体のすぐ目前まで接近していたが、まだ撃たなかった。彼に続く2番機のわたしのすぐそば近くを僚機が飛んでいた。わが機にもっとも近い英軍機は、黒く塗られた大型爆撃機だった。ぼやぼや考えず、その機に照準をあわせた。敵機が先行して撃ってきて、わたしも迎撃したが、双方とも命中しなかった。とにかく重要なのがこいつの背後につくことで、それこそが戦いだった。というのも、自分が飛んでいく方向にしか射撃できないからだ。〔……〕当時のわたしは、現在は確信しているような「かならず墜ちる」という自信をもてずに、むしろ「ほんとうに落ちるのだろうか」と緊張していたが、これが本質的なちがいだった。〔……〕

それゆえ、この敵機がターンやカーブをくりかえして、わたしの弾道をさえぎった。この敵編隊にはほかの機体もいて、それらが窮地におかれた僚機の救出にやってくるという事態を想像もしなかった。「かならず墜ちる、いや、撃墜できる、撃墜してやる！」という考えだけがあった。そして、ついに好機の瞬間がやってきた。敵機がわたしを見失ったらしく、直進していた。この刹那、わが愛機はその背後すぐに迫った。わが機関銃をごくわずかに連射した。衝突するのではと不安になるほど接近した。すると、この敵機のプロペラが突然、停止した。命中したのだ！　エンジンが破壊されて、敵の前線まで飛行できないために、敵機はわが陣地に不時着するしかなかった。

戦闘直後、マンフレートはわざわざ足場の悪い土地に着陸して、不時着した敵機を確認している。射撃手とパイロットの両名とも被弾しており、前者はすぐに絶命したが、後者は野戦病院に移送される途中で死去した。英軍パイロットは21歳、射撃手は19歳で、2人とも階級は少尉だった。のちに、マンフレートはこの2人の墓を建てている。

この初出撃の記念に、ベルケは弟子のパイロット全員に記念の杯を贈った。しかし、マンフレートはこれに満足しなかった。彼はベルリンの宝石細工師に依頼して、銀杯に「初撃墜、ヴィッカース2、16年9月17日」と刻印させている。現実の撃墜機体はRAF F.E.2bだが、マンフレートが「ヴィッカース2」と彫らせているのは、ドイツ軍では、エンジンが操縦席後部にあるタイプの複座式機種を慣例的に「ヴィッカース」と総称していたからである。RAF F.E.2bは、最終的にマンフレートが12機ともっとも多く撃墜した機種である。

これ以降、撃墜のたびに、同様に「撃墜番号、機体名、日付」を彫らせた銀杯を自分で注文しては、シュヴァイトニッツの実家に送りつけ、自分の部屋に並べるようになった。くわえて撃墜した機体の一部を、まるで狩猟の獲物のように戦利品としてもち去るのをつねとしていた。

マンフレートの戦死後、母親クニグンデは自宅を改装し、博物館として遺品を展示したために、彼の部屋の写真が伝わっている（図13）。肖像写真のほか、自室の壁面にはマンフレートが撃墜した航空機の認識番号が描かれた外装部分がまるでペナントのようにたくさん貼りつけられていて、写真左側の壁面にはヘラジカの頭部や角が飾られている。この部屋からは、彼の精神世界が看取できるように思われる。

ドイツ語の「猟師、ハンター」に相当する語は「イェーガー」（Jäger）であり、狩猟は「ヤークト」（Jagd）という。そして、このドイツ語「イェーガー」は、「戦闘機」にくわえて、「戦闘機パイロット」のことを意味する語でもある。戦闘機は「ヤークトフルークツォイク」（Jagdflugzeug）とも、戦闘機パイロットは「ヤークトフリーガー」（Jagtflieger）ともいうのだが、いずれにしても、狩猟を意味する「ヤークト」を語源としている。

図13　シュヴァイトニッツの自宅にあったマンフレートの部屋

「イェーガー」という語が「ハンター」と「戦闘機パイロット」という２つの意味をもっているという両義性は、マンフレートが幼少期から狩猟を生涯唯一無二の趣味とし、さらにその短い後半生を軍人、それも戦闘機パイロットとして過ごした人生と奇しくも一致している。すなわち、「イェーガー」とはマンフレートのことを物語る言葉である。故郷シュヴァイトニッツの彼の部屋に、狩猟での収穫としてのヘラジカ頭部と、空戦の戦果としての敵機体の一部がともに飾られていたという事実は、彼の人生そのものを正しく象徴しているのだ。

### ベルケの死

初撃墜から数日後の9月23日に2機目、その1週間後の9月30日に3機目を、マンフレートは撃墜している。2機目は「GW－174」という機体番号がついた外装を、3機目は墜落炎上したために、機関銃を記念にもち帰った。

順風満帆に思われた第2戦闘機中隊だが、10月28日の出撃でマンフレートの師にして隊長であったオスヴァルト・ベルケは帰らぬ人になってしまう。このときはイギリス機2機に対してドイツ機6機という有利な戦闘のはずで、マンフレートはまた1機撃墜している。ところが、ベルケはその後方を飛んでいたエルヴィン・ベーメ少尉（1879～1917）の機体との接触後、墜落したのだ。

「まるで最愛の兄弟を奪われたかのように、われわれにはもうひどい心痛でこたえた」と、ベルケ戦死がいかに大きな悲嘆であったかを、マンフレートは記している。

ドイツ戦闘機隊の創設者ベルケが戦死したのは25歳だった。衝突事故でベルケ機と接触して同じく墜落したベーメは一命を取りとめた。マンフレートは自伝で生き残った彼の心情も思いやっている。ベルケ亡きあとに第2戦闘機中隊隊長を継いだのは、シュテファン・キルマイヤー（1889～1916）だったが、彼もひと月弱で戦死してしまう。そのあとに隊長に就任したのが、生き残ったエルヴィン・ベーメである。同年11月23日から翌1917年11月29日までのほぼ1年間、隊長職にあったが、彼もやはり戦死した。

1916年10月末日には、翌年冬に戦場となるカンブレーの大聖堂で、ベルケの葬儀がおこなわれた。その様子を撮影したものが映画としてドイツ国内で上映され、リヒトホーフェン家の人びとはシュヴァイトニッツの映画館でこれを観た。マンフレートが映っていたことを母クニグンデは誇らしく書き留めている。これがおそらく、彼が大衆メディアに登場した最初の記録だと思われる。

ベルケの功績をたたえて、同年10月29日に第2戦闘機中隊は彼の名を冠した「ベルケ第2戦闘機中隊」に改称、「ベルケ戦闘機中隊」と通称されることになった。しかしながら、この改称してまもない航空隊の若いパイロットたちには、ベルケの死を悲しむ時間はなかった。ソンムの戦いが継続していたからである。

## 「リヒトホーフェン」の台頭

この時期、マンフレートは再び複座機でソンム川近郊に出撃することもあったものの、順調に撃墜スコアを伸ばしており、1916年11月9日の時点で7機を数えていた。この日の朝8時ごろに飛び立った英国空軍の爆撃機16機と護衛機14機の編隊が目標としていたのは、ヴォー＝ヴローークールである。

高度3500メートル上空を6機の僚機と飛行していたマンフレートは、この編隊を発見する。第1戦闘機中隊が迅速にベルケ戦闘機中隊へ合流し、戦闘が開始された。この空戦でマンフレートは1機を撃墜し、イギリス空軍の爆撃阻止にも成功する。被害はヴォー＝ヴロークールの砂糖工場のみだった。

ヴォー＝ヴロークールは当時、皇帝一族のカール・エードゥアルト・フォン・ザクセン＝コーブルク＝ゴータ公（1884〜1954）の本営地だった。例のごとく、撃墜した英軍機の検証に出かけた際に、マンフレートは将校の一団と出会う。このなかの高官ひとりと会話する機会をもったが、その夜に彼がザクセン＝コーブルク＝ゴータ公であったことを知らされる。イギリス空軍の爆撃を阻止した功績によって、ザクセン＝コーブルク＝ゴータ家勲章が、そして2日後の11月11日にはホーエンツォレルン家勲章の剣付騎士十字勲章がマンフレートに贈られた。

さらに、11月23日の出撃で、マンフレートはついに金星ともいうべき英国人パイロットを撃墜する。単座スカウト機DH2で編成された王立陸軍航空隊の隊長ラノー・ホーカー少佐（1890〜1916）である。この当時26歳で9機の撃墜記録を誇り、すでに3機撃墜時にヴィクトリア十字章を授与されていた。マンフレートは、ホーカーを自伝で「イギリスのインメルマン」、母への書簡では「イギリスのベルケ」と呼ばれた人物だと記している。

このときは、英軍機3機と遭遇したマンフレートに、そのなかの1機がしかけてきた。高度

3000メートル上空でのドッグファイトを続けるうちに、両機の空中戦は2000、1000メートルと高度を下降しながら展開する。さきに終わりなき空中戦から逃れて、自軍の戦線まで撤退しようとしたのは、ホーカーが駆るDH2のほうだった。

そのとき、わたしの初弾が敵パイロットの耳もとをようやくかすめた、この時点まではまったく命中しなかったのに。高度100メートルで敵機はジグザグ飛行によって自分の前線まで逃げようとしたが、そうした飛行の場合、偵察員が同乗していたときの射撃がひどいのはよく知られている。いまがうってつけの好機だ。50メートルから30メートルの高度まで敵機を追って、しぶとく撃ちつづけた。こうして、この英軍機は墜落という結果になった。とはいえ、もう少しで逃げられるところだった。

この撃墜時にも、マンフレートは地面に突きささっていた敵機の機銃を鹵獲して、実家の玄関の飾りとした。ホーカー機は撃墜11機目にあたる。ドイツの新聞は英国のエースパイロットとの一騎打ちを制したリヒトホーフェンの名を帝国全体に知らしめた。マンフレートは「撃墜王」としてメディアに華々しく登場したのである。

1916年最後の月である12月はもう少しだけ、彼をめぐる状況の変化を語ることができる。昨年のクリスマスイブに、ようやく念願のパイロット試験に合格したマンフレートだったが、

1916年のクリスマスには、自分の飛行隊が駐屯しているヴォー＝ヴロークール近くのラニクール＝マルセルへ、父アルブレヒトと次男ローターを招待して、愛機アルバトロスD．Ⅱを披露している。

この時期、難聴だった父アルブレヒトだが、都市の司令官として再び召集されていた。弟ローターはすでに前年に兄の勧めで航空部隊へ転身しており、第4戦闘大隊の第23戦闘中隊の偵察員になっていた。その冬からパイロット訓練を受けていたが、翌1917年3月上旬には戦闘機パイロットとして兄マンフレートが指揮する戦闘機中隊に配属されることになる。

12月27日に、マンフレートはイギリス空軍エースのジェームズ・マッカデン（1895〜1918）の撃墜に成功した（マッカデンは落命しなかった）。ホーカー撃墜後も着実に撃墜数を増やしており、1916年最後の撃墜で15機目を記録する。

そして年が明け、マンフレート・フォン・リヒトホーフェンの生涯を変えた激動の1917年がはじまるのである。

## 5　赤い男爵の栄光

### 機体を赤く塗る

「たいした理由があったのではないが、ある晴れた日に、わが愛機を派手な赤に塗ろうと思いついた。わたしの赤い飛行機《フォーゲル》が無条件にだれの印象にも残るようになったので、これは大成功だった。じっさいに、わが愛機は敵側の眼にも留まらずにはいなかったようだ」

マンフレートの自伝には赤い機体の由来がこのように記されているが、最初に赤く塗られた日は、1916年12月28日（Haiber, 1992）あるいは1917年1月20日（Kilduff, 1997）とされている。これ以後、彼の飛行隊はすべての機体が赤く塗装されるようになる。

ここで問題となるのは機種だが、おそらくはこの時期のベルケ戦闘機中隊の主力である単座複葉機アルバトロスD.ⅡかD.Ⅲだと思われる。というのも、マンフレートが搭乗した機体でもっとも有名な三葉戦闘機フォッカーDr.Ⅰはいまだ開発されておらず、この機種が西部戦線に配備されるのは1917年8月だからである。

「レッド・バロン」（Red Baron）という通称はイギリス軍側ではすぐに定着したようだが、ドイツで「ローター・バローン」（Roter Baron）という呼び方がなされるようになったのは、1945年のことである。第一次世界大戦中は「ローター・カンプフフリーガー」（Roter Kampfflieger）、すなわち「赤い飛行機乗り」という通称のほうが一般的であった。それゆえ、1917年に書かれた自伝のタイトルとなっている。

フランス語では「赤い悪魔」という意味の「ルージュ・ディアブル」（rouge diable）、「赤い小型機」という意味の「ル・プチ・ルージュ」（le petit rouge）などと呼ばれており、英仏連合軍内でのこの通称を、マンフレートは撃墜したパイロットから直接、聞かされた。

## プール・ル・メリット勲章と第11戦闘機中隊

マンフレートの1917年最初の撃墜は1月4日、通算16機目である。この戦闘での敵機種は新型のソッピース・パップ、配備されたばかりの単座複葉機で、アルバトロスD.Ⅱ、D.Ⅲシリーズよりも性能で優っていた。アルバトロス3機による数の優位を駆使して、マンフレートは辛くもこの新型機に勝利した。これまでの16機撃墜によって、敵乗員8名が捕虜に、16名が戦死している。

この時点でマンフレートの16機撃墜はドイツ軍の最大撃墜数となったため、同年1月16日にプール・ル・メリット勲章を叙勲された。ベルケとインメルマンが授与されたときは8機撃墜の功績だったので、それを大幅に上回っている。

プール・ル・メリット勲章はフリードリヒ2世が制定したプロイセン王国の最高勲章だが、フランス語なのは、制定者であるプロイセン王のフランス語偏愛に由来している。若いときからドイツ語の書物を1冊も読んだことがなく、一度も正式にドイツ語を習ったことがないと語り、著作もフランス語でおこなうドイツ人の王だった（もっとも、同時代のドイツの君主や貴族たちは皆フランス語をたしなんでいたが）。皇帝ヴィルヘルム2世はプロイセン王でもあり、第一次世界大戦中に687個の勲章を授与しているが、そのなかでパイロットは比較的少なく、132人しかいない。

ドイツ国内は、プール・ル・メリット勲章を叙勲された若き英雄の誕生をことほいだ。新聞の大見出しには「リヒトホーフェン」の名が躍り、若い女性たちはマンフレート宛てにラブレターを送りつけた。しかも同時期、同盟国オーストリア＝ハンガリー帝国やトルコからも高位の勲章を授けられたために、ドイツ全土で「リヒトホーフェン」に対する熱狂はとどまるところを知らなかった。

なお、最高勲章の通称が「ブルー・マックス」であることは既述したが、ジョン・ギラーミン監督の『ブルー・マックス』（原題 The Blue Max、1966年）は、第一次大戦末期に庶民出身の野心的な主人公がパイロットになり、この勲章を求めて、撃墜王をめざす物語である。この映画には「レッド・バロン」としてマンフレート・フォン・リヒトホーフェンも登場する。主人公は敵機に狙われていたリヒトホーフェンの危機を救うが、べつの敵機に撃墜されてしまう。一命をとりとめた主人公は、リヒトホーフェンの部隊へとスカウトされるが、出自のコンプレックスから拒絶するというエピソードが描かれる。

マンフレートは一連の叙勲に続いて、1917年1月15日に第11戦闘機中隊隊長への昇格が決定し、この航空隊が駐屯しているフランス北部の都市ドゥエーに赴任した。

とはいえ、彼にとって、この転属はけっして好ましいものではなかった。第11戦闘機中隊は1916年9月下旬に創設されたが、それ以降、1機の撃墜スコアもなかったからである。しかも、マンフレートは忘れがたい思い出にあふれたベルケ戦闘機中隊を離れたくなかった。

図14　赤く塗装されたアルバトロスD. Ⅲに搭乗したマンフレートと第11戦闘機中隊のメンバー、後列左からカール・アルメンレーダー少尉、ハンス・ヒンチュ予備役少尉、ゼバスティアン・フェストナー準曹長、カール・エーミール・シェーファー少尉、クルト・ヴォルフ少尉、ゲオルク・ジーモン少尉、オットー・ブラウネック予備役少尉、中列左からカール・エッサー少尉、コンスタンティン・クレフト予備役少尉、最前列は弟ローター、1917年４月

「わが愛するベルケ戦闘機中隊を去ることはただただ気乗りしません。わたしの抵抗はすべて虚しく終わりました。〔……〕ここ〔第11戦闘機中隊〕での営みでさしあたり、わたしを満足させるものはごくわずかです」と、書簡で母クニグンデにこぼしている。

図15　出撃前のアルバトロスD. Ｖ編隊

だが、隊長となったマンフレートは、かつてのベルケのように新天地の戦闘機中隊のパイロットたちを鍛えあげて、みずからが率いるエリート航空部隊へと変貌させる（図14、15）。

この部隊はのちにリヒトホーフェン戦闘機中隊と改称され、またイギリス軍からは「リヒトホーフェンの空飛ぶサーカス」（Richthofen's Flying Circus）と呼ばれ、第一次世界大戦中の伝説となっていく。この部隊は6人のプール・ル・メリット勲章授与者を輩出し、この部隊のみの総撃墜数は敗戦までに535機を記録するのだ。

## 弟ローターの配属とマンフレートの躍進

第11戦闘機中隊隊長に異動したマンフレートの17番目の撃墜は、異動8日後の1月23日、18機目はその翌日である。乗機は、流線形の新型機体の単座戦闘機アルバトロスD.Ⅲで、プロペラ同調装置による機関銃2門をそなえ、同時期のほかのどの戦闘機よりも速度と上昇性能が優れていた。連合軍側に対して性能的優位を回復した機体である。

2月1日の19機目の撃墜後にシュヴァイトニッツの実家へ休暇で戻っているが、2週間後の14日には前線に復帰し、20機目を撃墜している。翌月の3月4日では23機目、6日に24機目、その11日後の17日には27機目を記録しており、この時期の撃墜ペースには眼を見張るものがある。

そして1917年3月10日には、当時はドゥエーの西方3キロメートルに位置するラ・ブライエルを拠点としていた第11戦闘機中隊に、弟ロータール・フォン・リヒトホーフェンが配属されてきた。

マンフレート本人にもさらなる変化があった。3月22日に特例により中尉に昇進したのである。平時であれば、中尉昇進は軍歴12年に相当するために、異例さがきわだつ。

しかも、この2週間後の4月6日には、マンフレートは「騎兵大尉」（Rittmeister）に昇進する。「騎兵大尉《リットマイスター》」とは、1945年までドイツとオーストリアに存在した騎兵士官の階級で、一般的な「大尉」（Hauptmann）に対応している。

これはマンフレートがもともと、組織的にはドイツ皇帝陸軍の騎兵に所属していた事実に由来し、ゲーリングによる自伝第3版推薦文においても、マンフレートの階級は「騎兵大尉」として記されている。公式の肖像写真でのマンフレートが槍騎兵《ウラーン》の軍服を着用しているのは、これゆえなのだ。

マンフレートとロータールが初めて一緒に出撃した3月24日には、兄は30機目の、弟は初撃墜に成功する。そのうえ、この初撃墜からわずか6週間で、ロータールは20機目の撃墜という快挙を達成する。兄マンフレートに劣らず、弟も優秀なパイロットであることを戦果で証明したのだが、悲しいかな、兄の華々しい記録の陰に隠れてしまう。とはいえ、兄自身はこの弟の撃墜記録を自伝で非常に高く評価している。

自伝に「暑い一日」（Heißer Tag）として、早朝から連続集中砲火が激しかったと記された4

月2日は、早朝から襲来した敵編隊を迎撃し、32機目を撃墜後、朝食と入浴後に索敵飛行で再度出撃し、33機目をマークしている。

第11戦闘機中隊を看過できなくなったイギリス軍は、4月5日にその拠点飛行場に大々的な夜間爆撃を敢行した。4つの格納庫が完全に破壊され、多くの戦闘機が破壊もしくは大破、滑走路は弾孔によってほぼ使用不能となった。

翌6日の夜には、再び出現したイギリス編隊に対抗して、対空防衛を充分に準備した報復戦が飛行場からおこなわれた。少なくとも3機がその近隣に墜落し、乗員全員が捕虜となっている。「ともあれ、われわれはその攻撃の成功に非常に満足した。このため、英軍は意気消沈して、われらの飛行場を攻撃するためにもはや兵力を出すことはなくなったからだ」と、上機嫌で記している。

マンフレートに追随するように、第11戦闘機中隊パイロットたちも戦果を充実させてきた。たとえば4月13日の出撃では、クルト・ヴォルフ少尉（1895～1917）4機、弟ローター2機、カール・エーミール・シェーファー少尉（1891～1917）2機、ゼバスティアン・フェストナー準曹長（1894～1917）2機、マンフレート2機の合計12機を1日で撃墜している。

英軍の夜間爆撃は、マンフレートの闘争心に火をつけたようだ。その翌日6日は出撃できなかったが、7日から29日までの期間に、マンフレートの撃墜記録は37機目から52機目まで一気に増大したからである。4月29日に4機撃墜で、50機という大台を突破したために、皇帝ヴィルヘルム2世から祝電をもらっている。リヒトホーフェンの第11戦闘機中隊のもっとも得意な日々だっただろう。

### 撃墜王マンフレートの戦術

マンフレートが驚異の撃墜数をレコードしていた1917年3月中旬の戦闘に関する自伝の記述から、彼のパイロットとしての成長と空戦のタクティクスを看取できる。

「まずは敵機をはるか遠方から認めて、飛行隊がそれを敵と認識し、敵の機数を数えてから、この局面の不利と有利を慎重に検討する。それゆえ、たとえば戦闘中に風によって自機が自軍の前線から大きく外れたり、前線へと押し戻されるかどうかは、きわめて重要である」

偉大なベルケとの初対面で撃墜のテクニックについて尋ねた際のマンフレートからは想像もできないほどの成長がうかがえる。このうえなく冷静に状況を判断して、勝利の条件とタイミングを瞬時に推量しており、空戦の心がまえについても、同じく論理的である。

「攻撃精神、すなわち攻勢に出ることこそが肝心であるのは、なにごとも同じで、空戦においてもそうだ。もちろん、敵機も同様に考えている。それを即座に察知しなければならない。敵機がわれわれを認識するとすぐに反転、攻撃してくる。この瞬間、わが僚機5機に〈警戒せよ！〉と命令するのだ。〔……〕われわれも同様に編隊を組んで、敵編隊に少しずつ接近していく。わたしが注意を傾けるのは、敵機で敵編隊から離れるものがいないかどうかだ。いた場合、そいつはまたとないカモである」

撃墜が容易と判断できるターゲットを瞬時に判断する精神的優位と余裕が感じられるのであって、いよいよ発砲するといった瞬間についても、冷徹さの維持を戒めとしている。

「わが意気のなかに敵機を呑んでいるのがわかる。いましがたの興奮はとうになくなった。完全に冷静かつ虚心に思考して、相手と自身に関する命中確率を充分に検討した。概して、戦闘とはたいていの場合、興奮を最低限に抑制するべきである。興奮にはやる者は失敗をおかし、撃墜することはないだろう。それはおそらく習慣的なものなのだ。いずれにしても、今回の戦闘で過誤をおかすことはなかった」

元来、幼少時から身体能力が高く、スポーツ万能だったマンフレートは「ベルケの格言」を理解して、空戦経験を重ねていくうちに、その真髄を体得していったと思われる。3月31日から5月11日までの約40日間は、ドイツ軍による絶対的な制空権が維持されていた。統計的には、英軍機の損失は約150機で、マンフレートの個人記録のみで20機が撃墜されている。ドイツ機1機に対して英軍機5機という損失比で、イギリス空軍の年鑑には「血の四月《ブラッディ・エイプリル》」と記された。

1917年春における第11戦闘機中隊の躍進めざましい理由として、カスタンの評伝では3つの要因を挙げている。乗機のアルバトロスD.Ⅱの性能が英軍機を凌駕《りょうが》していたこと、つぎ

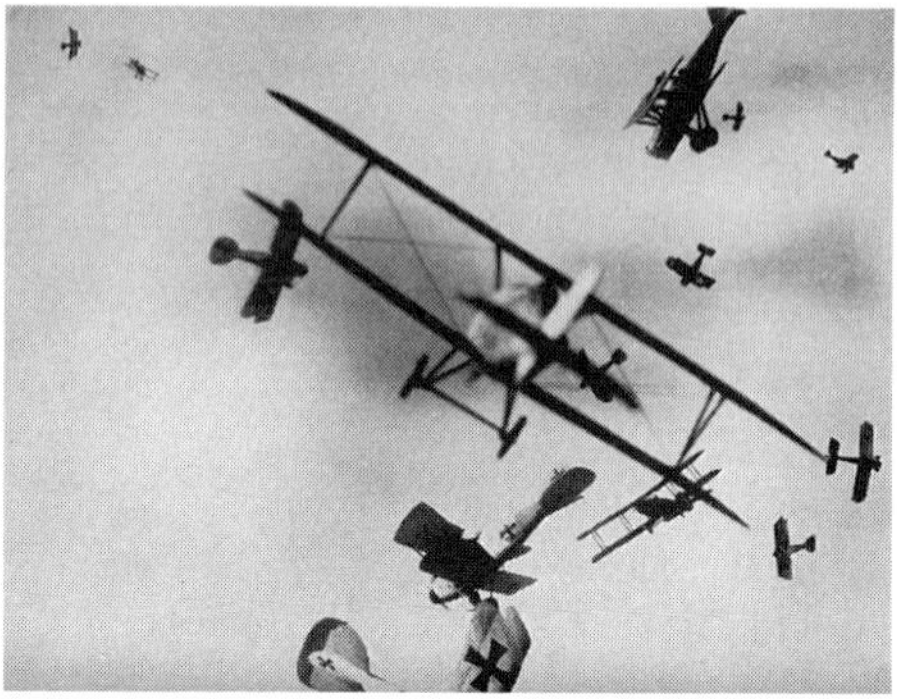

図16　空中でのドッグファイト

にマンフレート自身が勇猛なパイロットであるうえに、彼が隊員たちをうまく率いて果敢に戦ったこと、最後に戦術がきわめて効率の高かったことである。「ベルケの格言」どおりに、1対1の空中戦にもちこみ、機体の高機動を活用して、一撃必中のドッグファイトを重視した戦術であった（図16）。

だが、その後、ドイツをめぐる戦況は悪化していく。ドイツの無制限潜水艦作戦が1917年2月から本格化すると、アメリカはドイツに宣戦布告し、連合国側として第一次世界大戦に参戦する。

1916年から翌17年にかけての冬には、「カブラの冬」と呼ばれる飢饉《ききん》状態がドイツ国内で発生していたのにくわえて、連合国による大戦当初から継続する海上封鎖はドイツ帝国の軍需資源や食糧供給を枯渇させていく。その一方で、西部戦線はアメリカによる補給と増強がなされていくのだ。

1917年4月30日夜9時のことである。マンフレートに1本の電話があり、5月2日にドイツ皇帝との謁見がなされることが伝えられた。ヴィルヘルム2世みずからが撃墜王との面会を所望しているという。

翌5月1日、自身が不在中の隊の指揮を弟ローターに委譲して（5月13日に被弾、重傷を負ってしまう）、マンフレートは隊の技術士官コンスタンティン・クレフト（1892～1926）が操縦する複座偵察機に搭乗して、西部戦線のドゥエーから祖国ケルンまでの300キロメートルの距離を3時間で移動した。

最高司令部（Großes Hauptquartier）が置かれているプファルツ地方のバート・クロイツナッハに招待されたからである。マインツの南西に位置するライン川支流ナーエ河畔の温泉保養地として知られる都市には、皇帝ヴィルヘルム2世が逗留しており、参謀本部はホテル「オラーニエンホーフ」に設置されていた。

ケルン到着後に仮眠をとったのちに、参謀本部に出頭すると、航空部隊最高司令官エルンスト・フォン・ヘップナー（1860～1922）からの引見があった。5月2日におこなわれた国家の重鎮たちやドイツ皇帝との会見や会食の様子は、自伝にも記されている。

翌日の午前中は参謀総長ヒンデンブルクと参謀次長ルーデンドルフとのお目見えという大々的な機会が与えられた。そのために、かなりの時間を待たなければならなかった。歓迎のご挨拶がそれぞれどのようであったかを、どうしてもうまく記せない。最初に対応してくれたのがヒンデンブルクで、続いてはルーデンドルフだった。

世界の運命が決定されている部屋にいるというのは、世にも奇妙な気がするものである。とはいえ、再び「大本営《グローセ・ブーデ》」をあとにして、昼には陛下に食事に招待されたことは、まったく歓喜にたえなかった。それどころか、今日という日はわが誕生日で、だれかがそれを陛下にひそかに知らせてくださっていたらしく、陛下より祝福の言葉をたまわった。まずはわたしの戦果、さらに25歳をむかえたことに対して。ちょっとした誕生日の記念品も手渡してくださったのだ。

25歳の誕生日にヒンデンブルクの右どなりに着席し、この陸軍元帥のスピーチでわたしのことが語られるとは、かつては夢にも思ってみなかっただろう。


この日の晩餐《ばんさん》にも招待されたマンフレートは、またもや皇帝とヒンデンブルクの間に着席。ヴァールシュタット陸軍幼年学校のことをヒンデンブルクと語っている。彼はマンフレートよりも40年以上前の卒業生だったからである。会食者たちのさらなる話題はヨーロッパバイソンの狩猟についてだった。マンフレートの趣味を意識しての話題だったかと思われる。

翌5月3日、ヘッセン地方の同じく温泉療養地バート・ホンブルクに飛行機で移動したのは、この地に滞在中の皇后アウグステ・ヴィクトリア（１８５８～１９２１）が若き英雄に会いたがったからである。皇后にも昼食に招待され、やはり誕生日プレゼントを贈呈されたほか、彼が操縦する模範飛行を披露した。夜にはヒンデンブルクからの晩餐招待があった。とはいえ翌4日には、わざわざフライブルクまで飛行して、キジ（ヨーロッパオオライチョウ）の狩猟に出かけている。マンフレートが唯一の趣味を忘れることはなかった。

キジ猟を楽しんだのちに、ベルリンをめざして帰郷の旅に飛び立ったマンフレートだが、ニュルンベルクでの給油後、悪天候を無理して飛行したために、航路を見失ってしまう。もともとは偵察員だった彼にとっては痛恨の失敗だったようで、自伝ではおそろしく自嘲している。結果として、ライプツィヒ郊外に不時着、列車でベルリンに到着した。

ベルリンで数日過ごしてから、朝7時にシュヴァイトニッツへ帰郷したマンフレートを、早朝にもかかわらず、故郷の人びとは町をあげて歓迎した（図17）。この歓待を、「故郷が戦場にいる兵士になお興味を失わないでいてくれることが、わたしには総じてよくわかった」と、彼は記している。だが、この場合、マンフレート・フォン・リヒトホーフェンがまさしく特異な事例であると明言しなければならない。

リヒャルト・ヴァーグナーのオペラが描くのは遠い過去の伝説上の英雄ばかりであり、19世紀後半のドイツを支えた鉄血宰相ビスマルクはすでに過去の歴史的偉人となっていた。ところが、マンフレートは歴史ある名家の出身で、同時代に実在する25歳になったばかりの若者なのだ。

図17　故郷シュヴァイトニッツの人びととマンフレート、1917年夏

いまだ刻まれたばかりの空戦の歴史に、たった数ヵ月で前人未踏の撃墜記録を達成した「大空の騎兵」は、異例の昇進をはたしたとはいえ、階級はただの騎兵大尉でしかない。それにもかかわらず、ドイツ皇帝の晩餐に招待されて、ドイツ帝国軍の最高権力者たちと食卓を囲むまでになったのだ。

一躍、メディアの寵児となった彼の肖像写真は絵はがきになり、数百万枚が印刷されて、国民に浸透していった。わずか数週間で、子どもたちはリヒトホーフェンがだれかを知るようになった。

そして、撃墜王として名を馳せたリヒトホーフェンの存在は、第一次世界大戦の英雄としてドイツ軍のプロパガンダに利用されていく。しかも、英雄ゆえに戦死することを許されざる存在に彼はなっていたのだ。

## 自伝執筆

1917年5月10日、マンフレートは再度、「最高司令部」に召集されて、翌2日間は会議に出席したのち、皇帝ヴィルヘルム２世とザクセン＝コーブルク＝ゴータ公家出身にしてブルガリア王フェルディナント１世（１８６１〜１９４８）との晩餐に招待された。ブルガリア王から顕彰メダルを授与されたのち、空の旅でシュヴァイトニッツへ帰郷した。ひと月ほどの休暇を許可されていたからである。

休暇中の５月22日から、マンフレートは両親の別荘で自伝の執筆をはじめた。少し以前よりさまざまな出版社から殺到する自伝執筆の依頼に対して能力も時間もないと拒否していたが、軍上層部からの命令によって断れなくなったためである。自伝は１９１７年10月に出版されるが、まさしく自身の手になる英雄叙事詩である。とはいえ、ほかの多くの自伝と同様に、内容をすべてそのまま受容するわけにはいかないようだ。

一例として、弟ローターによるアルバート・ボール大尉（１８９６〜１９１７）撃墜に関する記述である。イギリス空軍所属のボールはラノー・ホーカーについで44機の撃墜記録を有するエースだった。「イギリス第２位のチャンピオンを倒したのがわが弟だったことは、格別のよろこびとなった」と記すほかに、「〈リヒトホーフェン討伐隊〉隊長」だったことも言及されている。

しかしながら、ボール大尉をめぐる記述にはつじつまがあわない点がいくつか存在している。その理由は、「リヒトホーフェン討伐隊」（Anti-Richthofen-Geschwader）に由来する。マンフレートも一読した『フォス新聞』１９１７年５月６日付の記事が自伝に引用されており、同様の記事はその時期の多くのドイツの新聞に掲載されていたようだ。すなわち、イギリス空軍内に「リヒトホーフェン討伐隊」なる部隊が創設されて、「リヒトホーフェン」を撃墜したパイロットにはヴィクトリア十字勲章、昇進、報奨金500ポンド、撃墜に使用された戦闘機、その機体メーカーからの特別褒賞が与えられるほか、軍事映画製作のための撮影スタッフが戦闘に随行することなどが報道されていた。

じっさいにマンフレートの自伝には、この「リヒトホーフェン討伐隊」の戦闘機と交戦して退けた戦闘が二度記されている。ところが、この報道記事とマンフレートの記述そのものが整合性を欠いていた。

アルバート・ボールは1917年5月7日にドゥエー近郊で撃墜されていた記録があることと、イギリス側がローターによるボール撃墜を認めていないこと。リヒトホーフェンを撃墜したパイロットに叙勲されるというヴィクトリア十字勲章は、あくまで個人的戦果ではなく、重要な戦闘の勝利全体への寄与に対して授与される性質の褒章のために、死後に与えられるケースが多いこと。戦後にそのような部隊について回想する英空軍パイロットが皆無であることにくわえて、この部隊の存在を裏づける英軍の公文書も今のところ現存していないこと。

結論としては、ドイツ軍によるプロパガンダ戦略の形跡もないために、イギリスの諜報機関の活動成果という可能性を示唆するのみに、カスタンの評伝もとどめている。とはいえ、「リヒトホーフェン討伐隊」創設という記事が新聞に掲載されたことで、マンフレートの英雄神話をさらに普及させたのはまちがいないだろう。

## バイソン猟

休暇期間中、マンフレートを狙って、帝国中から報道カメラマンたちがシュヴァイトニッツ市に押し寄せたが、彼はほとんど外出しなかったために、待ち伏せしても無意味だった。

またマンフレートにはオーストリアとトルコの視察旅行も上層部によって計画されていたが、みずから中止している。同僚カール・エーミール・シェーファーが6月5日に撃墜され、死亡したために、その故郷であるライン河畔の工業都市クレーフェルトでの葬儀に参列したかったからだ。

6月10日に再度、皇帝にクロイツナッハへ召還されて、会議や晩餐に臨席した。12日にはブルガリア王フェルディナント1世から直接、ブルガリア軍事勲章を授与されている。

この休暇期間で例外的なのは、5月26日を皮切りにして断続的にオーバーシュレージエン地方のプレス（現ポーランドのプシュチナ）の森での狩猟に出かけたことである。森の領有者はハンス・ハインリヒ15世・フォン・プレス（1861〜1938）で、狩猟用宮殿を所有していた。プレスには1917年2月まで「最高司令部」が置かれていて、この宮殿を皇帝ヴィルヘルム2世は居所としていた。

そして、狩猟の獲物はヨーロッパバイソンで、現代でいう絶滅危惧種だった。この当時、オーロックスはもはや絶滅しており、ヨーロッパバイソンもすでに野生種はごく数ヵ所にしか生息していなかった。ドイツ皇帝との晩餐の席でヒンデンブルクとバイソン猟を語った猟師《イェーガー》マンフレートにとっては、垂涎《すいぜん》の地での狩猟だったといえよう。

このバイソン猟に関して自伝でも紙数が割かれているが、とても興味深い記述がみられる。「この雄牛が近づいてくる瞬間に、わたしが襲われるのは狩猟熱《ヤークトフィーバー》といった感情である。戦闘機に乗って、イギリス機を視認し、それに接近するために、およそ5分間を費やして飛来していくときと同一のものだ。唯一のちがいは、イギリス機が防戦してくることである」「狩猟熱」（Jagdfieber）という語も、前述のフレーフェルト『狩猟習俗と狩猟用語』に記載されている。「興奮して熱にうかされた状態で、年少者、ときおり年長者も襲われるもので、身ぶるいや揺さぶりさえ生じる」とある。バイソン猟とイギリス機との空中戦時にとらわれる感覚を「狩猟用語」で表現するマンフレートの人生にとって、唯一の趣味の狩猟と空中戦は不可分のものなのだ。

### 自伝の版をめぐって

ここで本書でもよく参照しているマンフレートの自伝に言及しておこう。『デア・ローテ・カンプフフリーガー』（Der Rote Kampfflieger, 初版1917年）は、そもそもタイトルの翻訳からして困難である。というのも、「カンプフフリーガー」という語は、「戦闘機乗り」と「戦闘機」の2つの意味をもっているからだ。それゆえ、逐語訳的に『赤い戦闘機乗り』、『赤い戦闘機』のどちらでもまちがってはいない。

現在、この自伝のドイツ語原書は大手通販サイトのオンデマンド出版などを利用して、日本でも非常に容易かつ安価で購入できる。しかしながら、それはとりわけ初版に関してである。

第二次世界大戦開戦以前に、マンフレートの自伝は第3版まで上梓されている。初版は生前の1917年秋に出版された。ちなみに、マンフレートが世を去り、第一次世界大戦も終わった後の1920年に母親クニグンデが上梓して少数しか流通しなかった第2版や、15周忌に出た第3版は再販されていないようである。

ゆえに、著者は第2版を2021年にスウェーデンの古書店から、第3版を2020年にドイツの古書店からそれぞれインターネット経由で入手した。日本円で第2版は約2万円、第3版は約6000円（ともに送料込み）であったが、第2版のほうが高価なのは、流通した部数が僅少だったゆえだと思われる。以下、版ごとの内容の差異を紹介したい。

第2版はマンフレートの母クニグンデの編集によるもので、『リヒトホーフェン　英雄の生涯』というタイトルに変更されたほか、初版の内容に大幅な増補がなされている。マンフレートの遺稿、母宛ての書簡、次弟ローターの手記、マンフレート戦死報道集、彼の戦死をめぐる関係者の証言集、弔意録、同僚たちの回想録、最後に『あるドイツの母からマンフレートの死に寄せて』という頌詞《しょうし》が収録されている。この巻末2頁の詩は、末尾に「沈痛な同情の意をもって、あるドイツの母」との語句があり、母親クニグンデによるものとわかる。3種の版のなかでは344頁で、もっとも大部である。

マンフレートの15周忌にあたる1933年に出版された第3版は、なお内容が異なる。新たに、リヒトホーフェン家の家紋と家訓、マンフレート自身の遺稿、第2版に収録された次男ロータ―による兄の追想手記にくわえて、末弟ボルコによる追想手記と兄の遺体をフランスからベルリンまで移送したうえで改葬した顚末《てんまつ》記、さらには、最後の戦闘相手だったイギリス空軍大尉カナダ人アーサー・ロイ・ブラウン（1893〜1944）による戦闘証言を新規に収録している。そのかわりに、戦死報道集、関係者の証言や回想録はばっさりと削除されている。

第3版については、英訳版からの重訳だが、S・M・ウラノフ編『撃墜王リヒトホーフェン』（朝日ソノラマ、1985年）がある。この訳書の原書が第3版の編集版で、重訳ゆえの誤訳や細部の異同があるものの、だいたいの内容が読みとれる。

両者のちがいで主要なものは、ウラノフの編集による。序文の本文冒頭への掲載、次男ローターおよび末弟ボルコの手記の末尾への移動などが変更されている。さらに巻末には、マンフレートの撃墜数の詳細なデータ、授与された勲章一覧、搭乗機の機体データと三面図といった補遺が追加されている。

自伝3種の版をそれぞれ比較すると、第2版は本書にとって資料的価値が高く思われるものの、母親クニグンデの手になる思い入れの強い編集となっているといえよう。

…とは誰のことか
――ナチス安楽死思想の原典からの考察
森下直貴 浜松医科大学名誉教授／佐野 誠 奈良教育大学名誉教授 編著
●1760円

112
非国民な女たち
――戦時下のパーマとモンペ
飯田未希 立命館大学教授
●1870円

113
後藤新平の台湾
――人類もまた生物の一つなり
渡辺利夫 拓殖大学前総長
●1760円

114
和 算
――江戸の数学文化
小川 束 四日市大学教授
●1980円

115
ベネズエラ
溶解する民主主義、破綻する経済
坂口安紀 アジア経済研究所主任調査研究員
●1870円

「敦煌」と日本人
――シルクロードにたどる戦後の日中関係
榎本泰子 中央大学教授
●2090円

118
究極の俳句
髙柳克弘 俳人
●1760円

119
ストックホルムの旭日
――文明としてのオリンピックと明治日本
牛村 圭 国際日本文化研究センター教授
●2200円

121
「感染」の社会史
――科学と呪術のヨーロッパ近代
村上宏昭 筑波大学助教
●2200円

122
戦後日本の中国観
――アジアと近代をめぐる葛藤
小野寺史郎 京都大学准教授
●1870円

撃墜王自身の遺稿、兄弟による手記やマンフレート移葬顚末記、ロイ・ブラウンの証言や多くの写真の追加収録という点から、第3版こそがマンフレートの自伝決定版といってよいはずだ。

にもかかわらず、現在は初版だけが再版されて、第2版、第3版が現代では読むのが困難なのはなぜだろうか。第2版に関していえば、付属資料は多いのだが、自伝本文のみを読みたい読者には適切ではないという判断とならんで、出版当時には少数しか流通しなかったという事情があるだろう（後述）。

そして、第3版については、ナチス高官ヘルマン・ゲーリング（1893～1946）の序文がおそらく問題視されているからだと思われる。序文は第3版巻頭に配置されているが、英訳からの邦訳には本文末尾に配置されているものだ。

1922年というかなり初期からナチスに入党し、第二次世界大戦前夜にはドイツ空軍大将であったゲーリングは、戦後のニュルンベルク国際裁判で、ヒトラーとナチスを擁護して、最終的に戦争犯罪者として絞首刑判決を受けるも、死刑執行前に服毒自殺している。こうした経歴は、彼が戦後も一貫してタブー視されている理由だろう。

その一方で、ゲーリングはマンフレートより1歳年少で、第一次大戦中にはプール・ル・メリット勲章を叙勲されたエースパイロットのひとりであった。しかも、マンフレート戦死後の大戦末期にリヒトホーフェン戦闘機大隊隊長に就任した事実は、なるほど当時としては、同僚であった撃墜王の自伝に序文を献じる人物として適任ではあったと考えられる。

さらには第3版が上梓された1933年は、ナチス台頭期であることに留意しておきたい。それゆえ、1937年刊の母親クニグンデの『わたしの戦中日記』にもゲーリングの序文が冒頭に付されているのは、そのナチスのプロパガンダ的な意義を勘案すると、むべなるかなである。

なお、初版と第3版のマンフレートの自伝部分には、語句や表現のちがいなど、多少の異同が散見される。たとえば初版冒頭に置かれている数頁分の「わたしの家族に関すること」、「わたしの幼年学校時代」の節がカットされており、本文が「陸軍入隊」からすぐに開始される。

この削除された部分の内容は、みずからの家系や家族のエピソード、陸軍幼年学校時代の回想をマンフレート自身が簡潔に記したものだ。母親クニグンデの先祖が所有していた壮麗な屋敷が1848年の革命時に焼き討ちされたことや、マンフレートの従兄弟6人が第一次世界大戦初期に時を同じく騎兵として全員戦死したことは興味深い。

## 前線復帰と戦闘機大隊隊長就任

マンフレートが西部戦線に復帰したのは、ドイツ皇帝との初めての謁見をふくめた6週間後の1917年6月14日である。彼の第11戦闘機中隊はベルギーのフランドル地方西部のバーヴィクホーフェ近郊のハーレルベーケを基地にしていた。

彼の不在の間に、戦況はまたもや推移していた。イギリス空軍はソッピース・トライプレーン、複座式ブリストル、S.E.5単座戦闘機という新型機種を投入していたからである。

とりわけ、ソッピース・トライプレーンはその名のとおりの三葉機で、短期間ではあるが、三葉機が運用される特異な時代をもたらした。これに対抗して開発されるのがフォッカーDr.Iである。

一方で、マンフレートは撃墜記録を更新しつづけた。6月18日に53機目、同月23日に54機目を撃墜している。前者の撃墜時のマンフレート搭乗機は、赤いアルバトロスD.IIIだが、後者は改良された新型機アルバトロスD.Vに乗り換えたのちの戦果である。

そして3日後の6月26日、これまでの第4、6、10戦闘機中隊とマンフレートの部隊を統合した第1戦闘機大隊（Jagdgeschwader 1）が新編成されて、その司令官に25歳のマンフレート・フォン・リヒトホーフェンが就任したのである。

第1戦闘機大隊の任務は偵察および敵機侵入の阻止である。統合された4つの戦闘機中隊の発着基地にはそれぞれフランス北部国境に近いコルトレイク市周辺のマルケ、マルケベーケ、ビッセゲムが割り当てられ、その配置転換は7月2日におこなわれた。マンフレートの司令部はマルケベーケ近くの城館に置かれた。この周辺地域全体が戦闘機48機を所有する4つの戦闘機中隊の宿営地となる予定だった。かくして、マンフレートはついに身分相応の司令部と、文字どおりに自身の居城をかまえた。

しかし、司令官となった彼の生活様式は、それまでといっさい変化がなかった。同僚たちとは距離を置き、親しい友人もいなかった。同僚たちの輪にくわわることもなく、通常は1人で食事していた。趣味が騎馬と狩猟だった幼年学校時代とおなじく、社交、ダンス、芸術のほか、──さらに女性にも──まったく関心を示さなかった。

マンフレートが唯一、気の許せる人間は母親のクニグンデだけだった。自伝に掲載されている彼の書簡の引用には宛名がない。それらはすべて母親宛てなのが自明だからである。

「リヒトホーフェン撃墜」

1917年7月2日に57機目の撃墜を記録したマンフレートだが、4日後の7月6日は青天の霹靂《へきれき》ともいうべき大事件が第1戦闘機大隊に出来する。この日の朝に偵察飛行で出撃したマンフレートが撃墜されたのだ。

アルバトロスD.Vで出撃したマンフレートは、英国王立陸軍航空隊第10戦闘機中隊に所属する6機の複座型FE2bと遭遇、戦闘となった。そこへ突如、ソッピース・トライプレーン4機が出現、参戦してきた。

その刹那、戦況を見極めていたマンフレート機に機関銃の弾道が直撃する。300メートル離れた距離を飛行するFE2bの射手《ガンナー》による銃撃だった。パイロットはドナルド・チャールズ・カネル大尉（1893〜1917）、射手はアルバート・エドワード・ウッドブリッジ少尉

（１８９８〜１９２９）である。赤いアルバトロスＤ．Ⅴはスピンしながら墜落していった。東部戦線でエーリヒ・フォン・ホルク伯爵操縦機の偵察員だった当時、被弾した機体のエンジンが停止して不時着した経験や、単座フォッカー機での三度目の出撃時に、離陸直後突然にエンジンが停止、麦畑に墜落したことも自伝には記されているものの、今度の事態はまったく異なる。マンフレートの頭部に被弾したからだ。

「３００メートル、それ以上の距離からは、どんな射撃技術も有効な射撃とはならない。まず命中しない！」と高《たか》を括《くく》っていたマンフレート自身による被弾の回想である。

そのとき突然、頭部に一撃をもらった！　被弾したのだ！　瞬間、全身が完全に麻痺して、両手は垂れさがり、両足から力が抜けた。最悪だったのは、頭部への一撃で視神経がやられて、完全に眼がみえなくなったことだ。機体は垂直に落下していた。一瞬、脳裏をよぎったのは、墜落死する直前の様子だった。機体表面が墜落に耐えきれず、大破するのを、いまかと待ちかまえていた。

だが、辛くも意識はあり、なんとか操縦するうちに、視力が回復してくると、味方の前線内で低空飛行をおこなった結果、かろうじて不時着できたのだった。彼を収容した救急車がコルトレイクの野戦病院へ急行し、医師たちが頭骨をのぞかせた10センチの裂傷を縫合した。

マンフレートの撃墜と重傷は家族と一部の同僚にはすぐに報告されたが、国民には秘匿された。「撃墜王リヒトホーフェン」というドイツ軍のプロパガンダにそぐわないからである。この撃墜のあと、ドイツ軍上層部はマンフレートを最前線から遠ざけようと苦慮するようになる。「英雄の死」が与える国民への精神的打撃を恐れたのだ。

それゆえ、さきほどの自伝の記述も、マンフレート戦死後に出版された第2版以降に収録された遺稿によるもので、初版には掲載されていない。

## 6 早すぎる晩年の日々

### 部隊復帰とフォッカーDr.I配備

1917年7月6日の出撃で頭部に重傷を負ったマンフレート・フォン・リヒトホーフェンの術後の経過は順調で、同年7月20日には父アルブレヒトや姉イルゼとともにマルケベーケの戦闘機大隊を来訪している。この時期の写真をみると、マンフレートは剃髪して、頭部に包帯を巻いている(図18)。

そして、わずか19日後の7月25日に指揮官として戦闘大隊に復帰した。とはいえ、彼は全快したわけではなく、たえまない頭痛のほかに、眩暈《めまい》にも苦しめられていた。彼には飛行禁止が厳命されていたにもかかわらず、翌8月16日に58機目、10日後の26日に59機目の撃墜を記録した。マンフレートは撃墜王が健在であることを顕示したのだ（この間の8月19日には、陸軍大将ルーデンドルフが第11戦闘機中隊を視察にやってきた）。

2日後の8月28日に、彼の伝説の一部となったフォッカーDr.Iのプロトタイプ2機が実戦テストのために配備された。パイロットはマンフレートと飛行中隊隊長クルト・ヴォルフ少尉（1895〜1917）だが、最初から深紅に塗装されていたわけではない。

この新型の三葉機《ドライデッカー》はドイツ軍にとって起死回生の戦闘機として期待されていた。フォッカーDr.Iは上昇能力や運動性能は非常に優れていたが、それゆえに新人パイロットには乗りこなせなかった。だが、熟練パイロットが搭乗した際には、卓越した空戦性能をみせつけた機体だった。「サルのように上昇し、悪魔のように機敏」と、マンフレートは表現した。

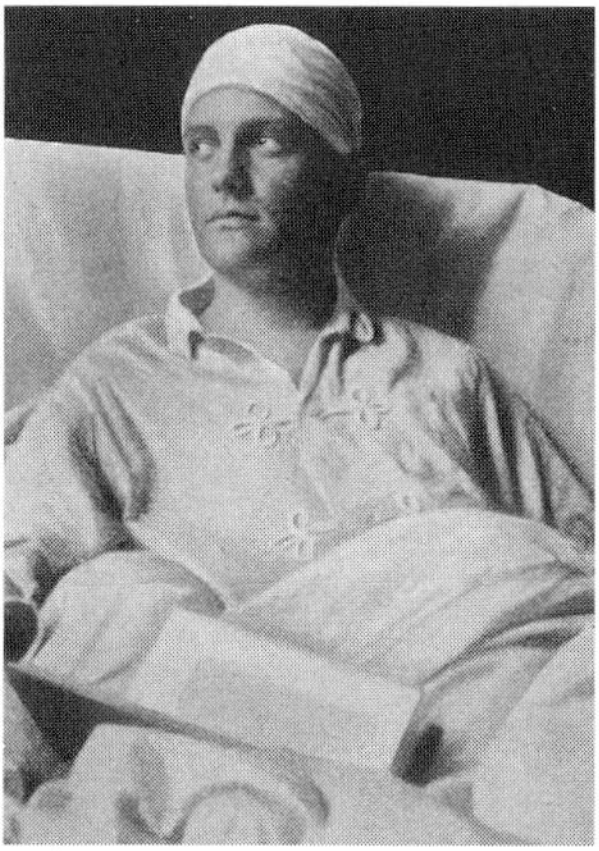

図18　野戦病院に入院中のマンフレート

彼がこの試作型フォッカーDr.Iで初出撃したのは、9月1日のことである。この日に60機目を、9月3日には61機目のソッピース・パップを撃墜した。彼の飛行報告では、この新型機がソッピース・トライプレーンよりも完全に優れた性能を有していると評価された。

飛行禁止命令に違背して出撃したマンフレートを、ドイツ軍上層部は命令違反で罰することはしなかった。かわりに、航空部隊の最高司令官エルンスト・フォン・ヘップナーは強制的に休暇をとらせて、療養に専念させている。結果として9月6日から、またもやマンフレートは西部戦線から離れざるをえなくなった（戦闘機大隊復帰は翌月23日）。

彼は個人所有扱いの深紅の単座アルバトロスでゴータにむかった。1916年に勲章を授与してくれたザクセン＝コーブルク＝ゴータ大公のラインハルツブルン城周辺の森で猟をするためである。獲物は大型ヘラジカ1頭、牡《お》ジカ3頭、ノロジカ1頭だった。

約3週間の狩猟を楽しんだのちは、ゴータからベルリン近郊のフォッカー工場まで飛んで、10月1日から7日まで滞在、新型機を見物しつつ、フォッカーDr.Iを自身の大隊へと配備してもらうように交渉した。翌8日にようやく故郷シュヴァイトニッツに到着すると、マンフレートの生涯最後となる長期休暇がはじまった。

### 犬好きとロマンス

西部戦線でフォッカーDr.Iを駆る撃墜王最後の戦闘の日々を記す前に、ここで戦記や空戦史では語られることのないマンフレートのパーソナルな部分について、いくらか紹介しておきたい。

まずは犬好きであることだ。

自伝にモーリッツという愛犬についての節をわざわざ設けてあるのは、この書物が軍務以外は唯一の趣味である狩猟に関する記述で埋められていることを考えると、重視すべきだろう。自伝でエーリヒ・フォン・ホルク伯爵の偵察員時代に触れる際も、ホルクが飛行するときには愛犬を乗せていて、その子犬が「機体下部にしかれた毛皮のなかでじっとおとなしく横たわっていた」ことを回想している。

マンフレートの愛犬モーリッツは、オストエンデ滞在時にベルギー人から5マルクで購入したドイツ南部ウルム産グレート・デーン犬の純血種で、「この犬とベッドでいっしょに寝ていたが、立派にしつけた」と語り、任地を転々とするうちに大きな成犬になったという（図19）。彼もモーリッツを乗せて飛行したので、最初の「偵察員《フランツ》」だったと記している。

図19　愛犬モーリッツとマンフレート

つぎに、短い生涯を独身で過ごしたマンフレートのロマンスについてだが、1927年に最初の彼の伝記を上梓したアメリカ人従軍記者フロイド・ギボンズ（1887〜1939）は、「そして、彼〔マンフレート〕には愛する少女がいた。〔……〕彼らの結婚は戦争

図20　ケーテ・オータースドルフとマンフレート

が終わるまで延期されていた」と記しているが、具体的なことはわからない。

その相手として想定されているのが、頭部に重傷を負ったマンフレートの看護をした看護師ケーテ・オータースドルフである。伝記作家によって名前の綴りや姓の異同があるほど知られていない女性だが、マンフレートと2人だけで撮影した写真が現存している（図20）。この看護師は病床の彼に、ファンレターを朗読して聞かせていた。

もう1人の相手は速記タイピストの若い女性で、名前は伝わっていない。彼の故郷での長期休暇の目的の一つは自伝原稿の完成だったが、口述筆記のためにベルリンのウルシュタイン社からシュヴァイトニッツへ派遣されてきたのだ。この速記タイピストは魅力的な女性だったようで、地元の女性たちの口の端《は》にかかったという。ちなみに、軍の検閲を経由したのち、自伝は1917年10月に手軽な小型本として出版され、すぐにベストセラーになっている。

この自伝をめぐる顛末も、マンフレートの人柄を知る契機となると思われる。「この本が読者に与える印象がどのくらい異なっているのかをみると、やはり非常に愉快である」と、彼は記している。

マンフレートは陸軍幼年学校の生徒から大量の手紙を受け取った。「そこで生徒諸君がわたしに書いてきたのは教師たちに関してで、彼らもわたしと完全に同意見であって、進級するためだけに、わたしと同様に、最低限度のことのみを学んでいるということだった」。苦笑している撃墜王の顔が浮かぶ。

彼の自伝のせいでもっとも迷惑をこうむったのは、撃墜王の兄がかつて在籍していたヴァールシュタット幼年学校で学ぶ末弟ボルコ・フォン・リヒトホーフェンだったかもしれない。兄が自伝で幼年学校の先生たちをおとしめているせいで、自分が耐えられないほどのひどい目にあっていると、11歳離れた兄への苦情を実家に書簡で伝えてきたのだ。

「彼が家族に頼んできたのは、もしわたしがもう一度校正するときがあれば、まず原稿は彼に検閲させてほしいということだった」。しかも、マンフレートが幼年学校時代にヴァールシュタットの教会の塔に結びつけたというハンカチが、いまは見当たらないことについても兄の虚言だと咎《とが》めてきたという。

ボルコの言い分を詳細に書き残している事実はむしろ、長期の軍務ゆえにあまり顔をあわせなくなった、年の離れた末弟に対するマンフレートの愛情を感じさせる。ボルコのこうした言いがかりは、国民的英雄になってしまった兄を思慕する彼の甘えを逆説的に看取させるものであって、それをマンフレートは許容しているということなのだろう。

このリヒトホーフェン家の末弟には、第一次大戦後の1925年11月下旬に兄の遺体をフランス北部の広大な無縁墓地まで引き取りにいく運命が待っている。

**遺稿から**

1917年10月20日、マンフレートはクロイツナッハの最高司令部に召還された。その目的は、最高司令官ヘップナーみずからが自身の幕僚内に入るように彼を説得するためである。マンフレートを戦場に出させないようにするための措置で、長引く戦争で苦境にある国民にとって希望の星となった最多撃墜王を戦死させてはならないからだった。軍の上層部がそれほどの配慮を要する存在になっていた。

だが、マンフレートはにべもなく拒否して帰郷、翌21・22日をシュヴァイトニッツの自宅で過ごした。拒否の理由と、この時期のマンフレートが戦況をどのように考えていたかは、自伝に収録されているメモと思しき遺稿に記されている。

現在、すべての前線で戦闘がおこなわれており、眼を覆わんがばかりに深刻化している。もはや、当初いわれていたような「すがすがしい朗らかな戦争」などではけっしてない。いまはもう四方八方で、敵軍がわが国内へ殺到するのを絶望このうえない状態で防戦しなければならないのだ。その一方でわが自伝からは、まるで自分が感じているのとはまったく別人のリヒトホーフェンが人びとのまえに立ち現れているかのような非常に陰鬱な印象をいだく。この本を読むと、自分自身の傲岸さに失笑してしまう。いまはそんな傲然とした感情はもうまったくない。その理由は、背後に迫っている死がいつかわたしに襲いかかるときを想像しているからでもなければ、そのときがくる可能性をいつもよく心にとどめてはいるものの、それが決まっていないからでもない。軍の最高位から戦闘機を降りるようにとのお達しがあったが、かつてであれば、それはわたしの心をとらえただろう。だが、名声と勲章にとりつかれ、高位の年金生活者として漫然と暮らし、贅沢な国民生活を手に入れることなど、いまのわたしが思い浮かべるにはあまりに忍びない。というのも、わたしと同様に、塹壕内の哀れな男たちはだれもが、その義務を厳格に果たしつつ耐えているからである。

記述には、戦争勃発当時の血気盛んな騎兵のおもかげはすでにない。ドイツをめぐる戦況の悪化と閉塞、「撃墜王リヒトホーフェン」の虚名と自身との乖離《かいり》、かつての自身への自嘲のほか、一兵卒としての使命を戦場の空でまっとうする運命をすでに受容しているのがうかがえる。そして、マンフレートはその使命を貫徹するのである。

10月23日に休暇が終了し、鉄道で西部戦線への帰途についた。頭痛ゆえに、戦闘機の操縦がかなわなかったからである。ゴータではマンフレートの自伝をたずさえた乗客が偶然、その著者がいるコンパートメントに乗りあわせた。

乗客はエーミール・アウグスト・グローガウという名の人物で、彼の文章によるこのエピソードは自伝第2版にのみ掲載されている。撃墜王としばしの会話に興じるのだが、ベルリンでの別れぎわに、マンフレートは彼に注目すべき言葉を残している。

クリスマスには長期休暇を取るので、またお会いできればと語りながら、「ああ、だめです」と言い直して、「確実なお約束はできませんね……。いえ、おわかりでしょうが、ちょうど休暇が終わったところで。それに英軍がもうずっと、わたしの首に莫大な賞金をかけていますから」と語ったという。

## フォッカーDr.Ⅰ

1917年10月23日にマンフレートが自身の飛行大隊に帰任すると、新型のフォッカーDr.Ⅰが配備されていた。形式番号の「Dr.」とは「ドライデッカー」(Dreidecker)、三葉機の略記で、「トライプレーン」と同義である(図21)。

ベルケ戦闘機中隊でマンフレートと同期だったヴェルナー・フォス(1897~1917)は、試作型フォッカーDr.Ⅰのプロペラ周辺の機体正面に眉と眼をマーキングしていた。8月下旬に配備された試作機2機のうちの1機で、マンフレートから譲り受けた機体である。彼もまたプール・ル・メリット勲章を叙勲し、ドイツ軍第4位の総撃墜数48機を誇る撃墜王だった。

20歳のフォスは最終的にマンフレートの第1戦闘機大隊所属の第10戦闘機中隊隊長だったが、マンフレート休暇中の1917年9月23日に撃墜された。故郷にいたマンフレートはフォスの戦死を新聞で知った。総撃墜数48機のうち、22機は人生最後の3週間に顔つきマーキングのフォッカーDr.Ⅰ試作機で撃墜したものである。

図21　この機体はマンフレートが搭乗していたフォッカーDr.Ⅰ 127/18で、1918年4月6日にはソンム地域のヴィレ＝ブルトヌーで76機目となるソッピース・キャメルを撃墜した

ところが、この高性能機は不安定で、機体強度に問題をかかえていた。10月30日に弟ローターとともに5ヵ月ぶりにフォッカーDr.Ⅰで出撃したときのことである。編隊から1機の三葉機が離れたが、それはローター機で、突然にエンジンが停止したのだ。ローターはなんとか緊急着陸に成功する。また、自身の機体が不気味な異音を立てているのを耳にしたマンフレートの方は、なんと着陸の際に機体が全壊してしまう。瓦礫《がれき》となったフォッカーDr.Ⅰから、マンフレートはなんとか無傷で這《は》い出した。

この事故と同日に第15戦闘機中隊所属でプール・ル・メリット勲章授与者だったハインリヒ・ゴンターマン少尉（1896〜1917）が、翌10月31日には第11戦闘機中隊所属の19歳のギュンター・パストール少尉（1898〜1917）が搭乗中のフォッカーDr.Iが空中分解して墜落死した。

ベルリン=アードラスーホーフの航空部隊監察局は新型機搭乗を即時に禁止し、調査を開始すると、機体の強度不足が判明した。改良されたフォッカーDr.Iが第1戦闘機大隊に配備されたのは、ひと月後の12月である。それまでマンフレートがかわりに乗っていたのは、アルバトロスD.Vだった。短期間で開発された新型機の欠陥と改良のために、2人の若いパイロットが犠牲となったが、リヒトホーフェン兄弟もそうなる可能性があったのだ。

のちにエンジン性能が向上すると、幅の短い主翼3枚による揚力、運動性、視界確保の必要がなくなって、三葉機の時代は第一次世界大戦とともに終焉をむかえるのである。

### カンブレーの戦闘

1917年11月22日、第1戦闘機大隊はマルケベーケからカンブレーに拠点を移した。司令官マンフレートは翌23日に62機目を撃墜している。

同地は同月20日から英軍が新兵器としての戦車を実戦投入した、鉄道拠点をめぐる戦場である。戦車、戦闘機、歩兵を連動させる新しい戦略構想実現にむけて、敵軍の動向を偵察する重要性が増大したために、航空戦力を集結させたのである。12月6日までの約3週間の戦闘で、両軍9万5000人が捕虜となるか、負傷・戦死した。その後、両軍が沈黙したのは負傷者を介護し、戦死者を埋葬しなければならなかったからである。

この時期の12月中旬、マンフレートはフランケン地方西北部の都市シュパイアーの飛行機工場で1週間過ごした。フォッカーのライバル社が開発した三葉機の性能を吟味するためだった。12月20日に再び戦闘機大隊に復帰したマンフレートは弟ローターとともに、息子たちをたずねてきた父アルブレヒトを囲んで、人生最後のクリスマスを過ごした。

ところで、このカンブレーの戦闘後半の11月30日から翌年1918年3月12日までの期間、マンフレートの撃墜数はとだえてしまう。彼を戦死させたくないドイツ軍上層部がまたもや新たな措置を講じて、マンフレートを西部戦線から遠ざけることに成功したからである。

## ブレスト＝リトフスク条約

1917年12月26日から弟ローターとともに、マンフレートはドイツ帝国が占領していたベラルーシ南西部のブレスト＝リトフスクへ出発した。10月革命によってレーニンを主席として樹立されたロシアの新政府と平和条約を締結する外交使節の随行者として派遣されたのだ。

革命政権側代表が外務人民委員レフ・トロツキー（1879～1940）であった交渉の第1回目はすでに開始されていた。この交渉にさいして、トロツキーは「すべての国家は暴力のうえに基礎づけられている」と語ったとされる。

リヒトホーフェン兄弟が到着したときには、交渉は中断していた。この期間、兄弟はポーランドとベラルーシとの国境地帯に位置するビャウォビエジャの森林での狩猟を許可された。ビャウォビエジャにはヨーロッパ最後の原生林があった。この時期すでにほかの地域で絶滅した動物が生息しており、ロシア革命以前はロシア王家のみに許された狩猟地域だった（現在は国立公園で、世界遺産に登録されている）。マンフレートには、またもや垂涎の猟区である。巨大なシカを数頭しとめたのちに、かつての皇帝《ツァーリ》宮殿にも滞在した。

年が改まった1918年1月8日から再開された交渉は20日に再度休止したが、マンフレートはその前日1月19日以降ベルリンに来訪していた。この時期、兄弟ともに1月13日に一度、戦闘機編隊に復帰していたが、ローターは悪性中耳炎に罹患し、野戦病院に収容されていた。

マンフレートのベルリン滞在は、ベルリン＝アードラースホーフの飛行機工場の飛行審査検討会に参加するためであった。この検討会で選出されたのが、のちのフォッカーD.Ⅶで、マンフレートの指示による改修がおこなわれた。

同年1月28日にベルリンの軍需工場でストライキが発生すると、マンフレートは交渉役として白羽の矢を立てられた。ところが、国民的英雄の声も、さらには現場までみずからおもむいた皇后の声さえ、戦争に倦《う》み疲れた労働者たちには届かなかった。ついに警察と軍が工場を占拠し、戒厳令が布告されるにいたって、ようやく2月4日にストライキが解除されたのだった。

交渉役として役に立てなかったマンフレートは、1月29日に私有のアルバトロス機でシュヴァイトニッツへ帰郷した。これが最後の故郷滞在となる。

このときのマンフレートの異変を、母クニグンデは以下のように書き留めた。「昨秋の休暇とくらべると、もうすっかり元気にみえましたが、その人柄には快活さ、呑気さ、はしゃいだ気分がありませんでした。無口で、眼をそらし、無愛想でした。その言葉はどれもが見知らぬ遠くの地から発せられているようにみえました。〔……〕思うに、彼は死をずっと目の当たりにしてきたのですから」。

マンフレートの出発当日、姉イルゼはなにかを予感したのか、弟ともう一度おわかれをするために、駅までついていくと離れようとしなかった。

帰還したカンブレー地方で数日過ごしたのち、2月と3月上旬の時期、マンフレートは帝国内を目まぐるしく往還している。高性能の戦闘機を探し求めて工場を探訪する一方で、かつてベルケが自身にしたように、ほかの航空部隊の才能あるパイロットを自身の戦闘機大隊にスカウトしていたのだ。

ブレスト＝リトフスク条約は1918年3月3日にソビエト政府とドイツ帝国、オーストリア＝ハンガリー帝国、ブルガリア王国、オスマン帝国間で締結されて、休戦とともに、ボリシェビキ政権は西部の広大な領土の割譲を承認させられた。

この条約締結によって、ドイツ帝国は東部戦線の戦力を西部戦線へと注入できるようになり、軍は春の大攻勢を計画していた。戦闘激化が必至の西部戦線にマンフレートは帰還するのである。

## マンフレートの遺言と春期攻勢

1918年3月9日に悪性中耳炎から回復した弟ローターが、翌10日にマンフレートが戦闘機大隊に復帰したが、その翌日、ローターは撃墜されるも、落命せずにすんだ。

弟の撃墜から4日後の3月15日、マンフレートは副官カール・ボーデンシャッツ（1890〜1979）に、「もし自分が戻らなかったら、開封すること」と上書きした封書を手渡している。ボーデンシャッツは、第二次世界大戦ではゲーリングとヒトラーの連絡将校をつとめて、二度の大戦を生きのびた人物である。

そのなかには、「もし本官が帰還しなかった場合、〔ヴィルヘルム・〕ラインハルト中尉（第6戦闘機中隊）〔1891〜1918〕に大隊の指揮を委譲すること」という、同年3月10日付文書が封入されていた。この日付はマンフレートの大隊復帰日であるゆえに、彼はすでに自身の死を覚悟していたのだ。

ドイツ軍の春季攻勢が開始されたのは、1918年3月21日である。復帰後からドイツの攻勢開始以前に3機撃墜したマンフレートは、3月24日に67機目、25日に68機目、26日に2機撃墜でついに70機目をマークした。

70機撃墜によって、王冠・剣付第3等級赤鷲勲章（Roter Adlerorden 3. Klasse mit Krone und Schwertern）を、ドイツ皇帝から授与された。1918年までで6人しか叙勲されたことがない稀有な勲章である。さらに、同月27日に3機、28日に74機目、4月2日に75機目、6日に76機目、7日に2機撃墜して、総計78機目までの撃墜を重ねている。

この時期の連合軍とドイツ軍との戦闘機数比は3対1、すなわち3倍の戦力差となっていたが、マンフレートの戦闘機大隊は大いに善戦した。彼の部隊には改良されたフォッカーDr. Iが配備されており、すべて赤く塗られていた。パイロットたちは高性能の赤い機体を自在に操縦して、1対1のドッグファイトを制した。

図22　機体分解後にトラックで輸送して、西部戦線を転戦した

しかも、マンフレートの第1戦闘機大隊はこの3月以降、その拠点飛行場をやつぎばやに移動した。マルケベーケから3月20日にアッダン、26日にレシェル、4月12日にカピー、マンフレート戦死以降の5月21日にギーズ、27日にピュイジュー、6月1日からはバニューへと、戦闘の舞台を移した。機体を分解してトラックで移送するという運用形態で、特別編制部隊として、まさしくサーカス一座の巡業のごとく拠点を変えていたのだ（図22）。

卓越した空戦技術を駆使する赤い戦闘機隊のこうした運用が総体的に「フライング・サーカス」という異名を生み出したのではないかというのが、伝記作家カスタンの推論である。

ドイツ軍の春季攻勢は4月6日で陣地戦に移行するが、7月17日まで継続し、この会戦で最終的にドイツ軍側は23万人、連合軍側は30万人が戦死した。この春季攻勢の時期には、25歳のマンフレートの同僚たちのほとんどが18歳から20歳といった年齢だった。この年齢差はとても大きかったらしく、彼は若い同僚たちに対して、まるで父親のようにふるまっていたという。事実、このころの彼がひどく老けてみえたのは確かなようだ。

そうしたことが原因だろうか、カール・アウグスト・フォン・シェーネンベック少尉（1898～1989）の証言によると、同僚たちは全員、マンフレートを「親父」（der Alte）と呼んでいたという。

1918年4月12日、第1戦闘機大隊はピカルディ地方の人口約500人の村カピーに移動すると、同月20日にマンフレートはソッピース・キャメルを2機撃墜し、ついに撃墜数を80機という大台にまで更新した。この前人未踏の記録を、第一次世界大戦で凌駕する者はついに出現しなかった。

### 最後の出撃

80機撃墜記録を達成した日の翌日である4月21日は、マンフレートに出撃命令は発令されていなかった。すでに休暇が決定していて、ドイツ南西部シュヴァルツヴァルトでの狩猟に出かけるための寝台列車の乗車券が用意されていた。

ちなみに、この日の出撃前にマンフレートが愛犬モーリッツとたわむれている写真が伝わっている（図23）。ドイツ時間11時30分ごろに、彼は第2戦闘機中隊を率いて出撃、第5戦闘機中隊にも随行させた。アルバトロス機とフォッカー機の混成で、マンフレートの乗機は赤いフォッカーDr. Iである。

図23　1918年4月21日の出撃5分前に撮影された生前最後の写真

アミアン方面に飛行中、高度1000メートルの雲間で、ソッピース・キャメル7機とRE8偵察機2機の編隊を発見するが、敵編隊も赤い機体群を認識すると、最高速で迎撃に移行した。マンフレートが交戦したのは、カナダ人新人操縦士のウィルフリッド・リード・メイ少尉（1896〜1952）のソッピース・キャメルである。マンフレートの攻撃で被弾したメイ機を追撃する赤いフォッカーDr. Iの後方に、同じくカナダ人エースパイロットのアーサー・ロイ・ブラウン大尉のソッピース・キャメルが迫るかたちになった。ブラウンは第209戦闘機中隊隊長で、メイとは学生時代からの友人だった。

追撃中のマンフレートは時速185キロでヴォー・シュール・ソンムの低空に侵入したところを、銃撃を受けて被弾、これが致命傷となった。マンフレートの赤い三葉機は、アミアンの東方約17キロに位置するコルビーからブレイへ続く街道ぞいのレンガ工場近くに不時着したが、このときすでに絶命していた。

### マンフレート撃墜の謎

ところで、だれがマンフレートを撃墜したのかという問いは、彼をめぐる謎の一つで、第二次世界大戦後もさまざまに挑まれてきた。

当時のイギリス軍の公式発表では、マンフレートを追撃していたロイ・ブラウンの銃撃が致命傷を負わせたということだった。ところが、その後の遺体解剖で銃創が後方から受けたものではないことが判明したために、その銃撃がだれによるものかが問題となったのである。

1970年に出版されたデール・ティトラーの『レッド・バロン　撃墜王最期の日』もそうした著作の一つである。ティトラーのこのドキュメンタリーは第一次世界大戦から50年が経過しようとしていた時代に出版されたが、この上梓以前に長期にわたり、当時は生存していたパイロットや戦場の目撃者たちから聞き書きした資料から総合的な結論を導き出している。

彼によると、オーストラリア野砲第14旅団第53砲兵中隊所属のロバート・ブーイー（１８９３〜１９６４）による機関銃の掃射がパイロットのマンフレートの胸部に命中したのが、リヒトホーフェン機墜落の直接的な原因になったとしている。

その27年後の１９９７年にノーマン・フランクスとアラン・ベネットが著した『レッド・バロン　最期の飛行』では、多くの史料を駆使して、さまざまな可能性を検討したのちに、リヒトホーフェン機の進入角度や高度、マンフレートの胸部の銃創の位置や角度から、機関銃中隊所属の当時28歳のオーストラリア人セドリック・バセット・ポプキン軍曹（１８９０〜１９６８）の機関銃によるものと断定している。

この２つの説に依拠して、リヒトホーフェンを撃墜したのは第53砲兵中隊の銃撃によるものとするのが、現在では一般的になっているようだ。

ヨアヒム・カスタンはポプキンの銃撃説を支持しながらも、「しかし、それはまったく重要ではない。というのも、ほかのオーストラリア人狙撃兵による銃弾かもしれないからだ」と述べて、その場に配置されていた多くの兵士たちが赤いマンフレート機に発砲していた事実を指摘し、現実にだれの銃弾が命中したかは不明だと推測している。

いずれにしても、追撃に我を忘れたマンフレートは、敵地上兵の攻撃を受けるほどに敵前線内部に、それも低空で深入りしすぎたことが撃墜された原因だといえよう。

## その死をめぐって

不時着したフォッカーDr. Iのもとに、すぐに地上部隊が駆けつけた。シートベルトに固定されたマンフレートの身体はぐったりしていた。その眼は虚空をみつめたままで、顎と鼻骨は折れていて、胸部から鮮血が足もとまで流れていたという。

彼の遺体は1918年4月21日夜9時、死後10時間ほど経過したのちに、イギリス軍医によって検死と解剖がおこなわれた。「証拠写真」として撮影されたマンフレートの死に顔も残っている。銃創は背中右側の第9肋骨の位置にあり、その深さ7センチで、弾丸は背骨で止まっていた。翌日、イギリス軍の好意によって、遺体はベルタングル近郊にある小村の墓地に埋葬された。

深紅に塗られた愛機フォッカーDr. Iはどうなっただろうか。燃料タンクが破損していたが、不時着した機体は炎上しなかった。とはいえ、世界一の撃墜王の搭乗機である。兵士たち数百人が集まってきて、赤いフォッカー機から記念の部品をはぎ取っていった。マンフレート自身が敵機にそうしてきたように、今度は彼が戦利品として略奪される者となったのだった。ほぼ骨組みだけになった機体はプランヴィルのオーストラリア軍飛行場でスクラップにされたらしい。プロペラ、機関銃、操縦桿、エンジンだけが調査のために保管された。

さて、第1戦闘機大隊は正午ごろにカピー飛行場に帰還したが、最初はマンフレートの副官ボーデンシャッツでさえ、隊長が帰還していないことに気づかなかった。だがそののち、異変に気づいた数名は再給油して、捜索に飛び立った。

この日午後、副官は上官の消息を確認するために手を尽くしていた。ようやく、マンフレートのものと思しき機体がヴォー・シュール・ソンムに着陸し、イギリス軍工兵隊が機体を牽引《けんいん》していたとの情報を入手、パイロットは当初、生存していると考えられていた。

ボーデンシャッツ中尉がイギリス軍に対して直接、暗号化もせずに無線を使ってマンフレートの消息を知らせるように呼びかけた。だが、ついに回答がなかったために、事態の深刻さを認識した。

彼はコルトレイクに駐屯しているマンフレートの父アルブレヒト・フォン・リヒトホーフェン少佐のもとへ偵察機で飛んでいった。この時期、アルブレヒトはコルトレイク市の司令官だった。撃墜王の父と会って、上官が帰還しなかったが、まだ生きているらしいと伝えた。同様の内容を、すでに出発前に、母親クニグンデ宛てに電報で送っていた。

会見について、ボーデンシャッツの自伝『フランドル上空での狩猟』（1935年）では、以下のように伝えられている。


「マンフレートになにか起こったのだな」、彼は静かにいった。

中尉は立ちすくんで、少佐の眼をうかがった。「少佐殿、わたしはあなたに騎兵大尉殿が現在、出撃から帰還していないということをご報告しなければなりません。しかし、調査全体では、彼が生存しているという希望は残っています」

沈黙して、男たちはみつめあった。彼が生存しているということ？　老士官はそれをよく理解した。

そして、われを忘れたかのように深く考えこんで、ゆっくりと語った。「それなら、彼は自身の義務を最大限にまっとうしたのだ」

離別の挨拶をかわすと、老司令官は部屋の暗がりのなかへと戻っていったが、それはまるで闇の深淵へと続く廊下のように、この副官には思われたのだった。


そして、かつて上官マンフレートからあずかった遺書を開封するときが到来したのを、この副官はようやく悟った。「ラインハルト中尉を自身の後継者に任命する」という3月10日付の紙片が入っていた。

マンフレート・フォン・リヒトホーフェンの国葬がベルリンの旧ガルニソン教会でおこなわれたのは、1918年5月2日のことであった。リヒトホーフェン家にくわえて、ドイツ皇帝ヴィルヘルム2世や皇后ヴィクトリアのほか、皇帝一家が参列した。

マンフレート戦死後のゲーバースドルフ系リヒトホーフェン家については、次章のロータ－・フォン・リヒトホーフェンを基点に語ることにしたい。

# 第2章　「英雄」の弟――ローターと「赤い男爵」の伝説

## 1　兄の陰に隠れたもうひとりのエースパイロット

### 飛行機に乗るまで

兄マンフレートより2歳若いローター＝ジークフリート・フォン・リヒトホーフェン男爵は、1894年9月27日にブレスラウで生まれた（図24、25）。兄と気が合った弟はともに少年時代を過ごし、2人で乗馬やいたずらに興じた。

ローターも兄と同じく身体能力が優れていて、シュヴァイトニッツのギムナジウムでスポーツの才能を発揮したが、学業嫌いも同様だった。なんとか第8学年まで進級したのち

図24　ローター・フォン・リヒトホーフェン、やはりプール・ル・メリット勲章が襟もとに飾られている

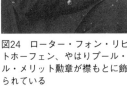

図25　後列左からマンフレート、母クニグンデ、ローター、ボルコ、長女イルゼ、前列中央が父アルブレヒト

に、ダンツィヒの士官学校入学試験を受けて、騎兵士官としての道を開いた。

第一次世界大戦開戦時に、ローターはポンメルン地方シュテッティーン近郊のブレドー（現ポーランド北西部のドジェトボ、1945年以前はドイツ領）の第4竜騎兵連隊に配属される。第1騎兵軍団に属する彼の連隊はベルギーを経由して、フランスへと進撃するが、その指揮官は叔父のマンフレート・フォン・リヒトホーフェン中将であった。その後、戦争が塹壕戦に移行すると、ローターは東部戦線転属を命じられる。すでに騎兵の時代でなかったのは、兄と同じである。

1914年の厳寒の冬、ローターは偵察任務を騎兵として果敢に遂行した。マンフレートが記しているところでは、ローターは任務のために馬を引いて、零下10度以下の川を泳いで渡河、一日中、凍りついた軍服のままで偵察を終えて戻ったが、風邪もひかなかったという。

翌15年2月に病を得て、一度、戦線を離脱するも、8月に対ロシア戦の最前線に復帰する。

戦闘が膠着状態になったこの年の冬に、兄マンフレートの進言で飛行士転向を決意する。この時期は戦争があと数ヵ月で終了すると考えられていたために、ローターの飛行士養成課程は短期で終了し、第23戦闘中隊に偵察員として配属された。

## 戦闘機パイロットとして

騎兵としての経験を活かして、ローターは優秀な偵察員または爆撃手としての実戦経験をソンム川流域やヴェルダンといった西部戦線で積んでいった。その結果、彼の功績が認められて、1916年12月にローターは第1級鉄十字勲章を授与されている。

1917年1月に、マンフレートが16機撃墜によってプール・ル・メリット勲章を叙勲されて、第11戦闘機中隊隊長になった。ローターもまた兄と同様に、偵察員から戦闘機操縦士をめざすようになる。

1916年から翌17年の冬の間、パイロット養成課程に在籍し、3月に三度目の試験でようやく合格したローターを、マンフレートは自身の飛行部隊へと配属させた。この時期すでに、マンフレートが指揮する第11戦闘機中隊は頭角を現しており、1917年4月には部隊全体での撃墜数が100機を記録していた。

配属後の2週間で、ローターはマンフレートから戦闘機の操縦訓練を受けた。最初と二度目の出撃では、マンフレートの命令を遵守して、戦闘には参加せずに、遠方から空戦を見守った。

だが、3月24日の三度目の出撃では、上官である兄の命令を無視して、戦闘に参加、英空軍の単座戦闘機FE2dをティヨワ＝フロリヴィル近郊で撃墜した。これがローターの初撃墜となった。

4月11日には複座型ブリストルを2機撃墜したのを皮切りに、5月7日には20機目を撃墜、さらに2週間後には24機まで撃墜記録をのばした。22機目の撃墜がアルバート・ボール大尉だとされるが、英軍からは認定されていないものの、これほど短期間での撃墜数としては異例である。

だが、マンフレートの休暇中に第11戦闘機中隊の指揮を委譲されたローターは、1917年5月13日の出撃で被弾したが、無事に着陸、ドゥエーの野戦病院に運ばれた。約半年後、前線に復帰直後の26機目がこの年最後の撃墜となる。

この年のクリスマスを、父や兄とともに西部戦線のコルトレイクで過ごしたのち、兄弟はブレスト＝リトフスクの休戦会議に旅立った。ローターは翌1918年1月13日に戦闘機大隊に復帰したが、16日に悪性中耳炎を発病し、野戦病院に入院せざるをえなかった。ベルリンのサナトリウムで療養したのち、3月9日にようやく前線に帰還すると、27機目を、さらに翌日に複座型ブリストル機を2機撃墜する。

だが3月11日の出撃では、高度4000メートルでの空戦中に竜巻と遭遇、彼のフォッカーDr.Ⅰは半壊し、垂直に墜落した。一命をとりとめたものの、機関銃に鼻骨と上顎骨《じょうがくこつ》を打ちつけて、五度目の骨折となり、片目の視力が低下してしまう。デュッセルドルフの顎骨病院に入院していた４月21日に、ローターは「マンフレート帰還せず」の凶報を新聞で知ることになった。

半年間の入院生活ののちに、ローターが戦闘機大隊に復帰したとき、マンフレートが後継者に指名したヴィルヘルム・ラインハルト中尉はすでに死去していた。大隊長を継承してからわずか３週間後の７月３日に発生した機体の空中分解による事故死だった。

図26　フォッカーD. Ⅶ、この機体はバイエルン地方の民間気象観測会社が戦後1924年から２年間使用したもの

ローターの不在期間に、後任の大隊隊長にはヘルマン・ゲーリング中尉が任命され、また新型のフォッカーD. Ⅶが配備されていた（図26）。のちの１９１８年11月11日早朝に締結されたドイツと連合国との休戦条約の項目Ⅳで具体的に言及され、全機引き渡しが求められたほどの高性能機である。新型フォッカー機を駆るローターの30機目の撃墜は、リヒトホーフェン戦闘機大隊の５００機目の撃墜にあたり、ヘップナー空軍司令官から彼個人への称賛が贈られた。

しかしながら、ドイツ軍はもはや絶望的な防衛戦に突入していた。ドイツの深刻な物資不足と正反対に、連合国側はこの時期、毎月35万人のアメリカ兵が新装備で増強されていた。航空戦力に関しては、約2000機を配備する連合国に対して、ドイツ軍は100機が稼働するのみだった。すでに戦争の勝敗は決していたのだ。

1918年8月8日に開始されたアミアンの戦闘では、2日間でドイツ空軍が撃墜した敵機は107機に達した。リヒトホーフェン戦闘機大隊の活躍によるところが多大であった。

休暇中のゲーリングにかわって、隊長職を委譲されたローターが40機目を撃墜した翌日の8月13日が、その最後の出撃となった。戦闘中に気がつくと、自機以外はすべて英軍機が飛行していた。第11戦闘機中隊はローター機のみだった。赤いフォッカー機は急降下して、敵機の群れから逃れようとした。ところが、まず命中するはずのない約1000メートル離れた距離からの銃弾が、彼の右大腿部に被弾する。出血で朦朧《もうろう》とする意識のなかで不時着できたが、機体は大破した。

こうして、ローターは搬送されたハンブルクの病院での手術後、数ヵ月の治療を受けたのち、両親が待つ自宅へ帰郷して過ごすうちに、ドイツ敗戦という結末で終戦をむかえたのだった。

### ローターの性格

ローターの総撃墜数40機という記録は、第一次世界大戦のドイツ空軍ではオスヴァルト・ベルケ大尉やフランツ・ビューヒナー予備役少尉（1898〜1920）と同一撃墜数で第10位を誇る。兄のマンフレートが考えていたように、ローターは射撃能力が優れていた。撃墜数80機で第1位の兄マンフレートの陰に隠れがちな弟だが、ローター自身の性格による部分も大きいようだ。

　オスカー・シュヴェッケンディークの評伝によると、無口なローターはいつも「慎み深さの見本」といった人物で、それは著名な戦闘機パイロットになっても変わることがなかった。肖像写真のローター・フォン・リヒトホーフェンは、人好きのする穏やかな笑みをたたえている（図27）。

図27　ローター・フォン・リヒトホーフェン、子どものような笑みをたたえた肖像写真

　とはいえ、その慎み深さとは、けっして自分自身を圧殺するものではなかった。他者に対して自己主張しないが、強固な自意識にもとづく慎重さを意味していた。それゆえ、ローターが軍人的な格式ばった態度をとらなかったのは、そんな態度で他人を威嚇《いかく》するよりも、自分の力で成しとげようとする性格だったからである。くわえて、自分が指導者気質の人間ではないと自覚し

てもいた。彼は兵士として自身の義務を遂行することだけを考えていて、それ以上を望まなかった。

兄が率いるエリート空軍部隊に配属されて出撃した際に、敵機への攻撃を禁じられていたにもかかわらず、三度目の出撃では命令に違反して攻撃に参加、ついに初撃墜を記録したことは既述のとおりである。

ローターが控えめでありながら、ときには非常に堅固な意志をもって、大胆な行動力を発揮したことは、彼の竜騎兵連隊配属時のエピソードからもうかがえる。大戦勃発当時、ローターはダンツィヒの士官学校に在籍していた。連隊の配属が正式発表されるのを待ちきれずに、シュレージエンの軍隊駐留都市リューベンに突如、姿を現したのだ。ローターの行動は竜騎兵連隊を驚愕《きょうがく》させたが、派兵前のタイミングで到着した彼の独断行為はそれ以上、取り沙汰されはしなかった。普段は慎み深くみえながら、自身の強固な意志を貫徹するためには独断専行も辞さないといった性格だった。

マンフレートが率いる第11戦闘機中隊の面々が中隊長の機体色に合わせて、すべての機体を赤く塗装すると決めた際のことを、弟は記している。

英軍がわが兄の首に賞金をかけたことは非常に有名だ。敵側のパイロットならだれでも兄を知っていたのは、当時は赤く塗装された航空機に搭乗していたのが兄ひとりだけだったたからである。そのために、わが中隊の全機体を赤く塗ることは、もうずっと以前からわれわれの望みであって、わが兄だけが特別に目立たないようにしてほしいと懇願すると、聞き入れてくれた。というのも、われわれもまた多数の撃墜を達成していたゆえに、深紅の色をまとうのにふさわしかったからである。赤色が一種の尊大さを意味するのは、だれでも知っているし、注目を集めるものだ。それゆえに、しかるべき仕事を成しとげる必要があったものの、ついには、われらの赤い機体群を誇らしくながめることになった。

この文章には、ローターの遠慮がちな部分と、その一方の強い自負という両方の性格がよく表現されていると思われる。

## 戦後のリヒトホーフェン家

1919年6月5日、ローターはドーリス・カタリーナ・フォン・カイザーリング(1901〜45)と結婚した。1920年に長女カルメン・ヴィオラ、1922年には次男ヴォルフ・マンフレートが誕生している。リヒトホーフェン家の長女イルゼもまた、1920年8月28日にカール・フォン・ライブニッツ(1878〜1929)と結婚して、家を出ていた。

父親アルブレヒトが60歳で1920年に死去したために、シュヴァイトニッツのリヒトホーフェン家には、いまや母親クニグンデ男爵夫人と当時17歳だった三男ボルコしかいなかった。

この1920年に出版されたのが、マンフレート自伝の新版である。クニグンデにとっては、老後の寂寞《せきばく》を埋める縁《よすが》だったであろう。この第2版のタイトルは『リヒトホーフェン 英雄の生涯』に変更され、彼の未公開遺稿が増補された。しかしながら、この第2版の発行部数はごくわずかなものとなった。第一次世界大戦後の1920年当時、ドイツの民衆もメディアもかつての英雄とその家族に関心がなかったからである。

一方で、大戦を生きのびたリヒトホーフェン家次男ローターは、一家の主として戦後を生きつづけなければならなかった。工場での労働も経験したが、それまでパイロットとしてしか生きてこなかった彼が最終的に1921年にありついたのは、ドイツの総合電機製造コンツェルンのAEG（Allgemeine Elektricitäts-Gesellschaft）が1917年に設立したドイツ航空輸送会社（Deutsche Luft-Reederei）でのパイロット職である。

この会社は1919年以降、軍用機を改装した航空機で定期的に乗客を乗せる航空交通を世界的規模で運営する最初の航空会社で、ルフトハンザ航空の前身である。客席がむき出しであるために、乗客たちは毛皮の飛行服、パイロットゴーグル、飛行帽を着用した。草原への「緊急着陸」もアトラクションとして組み入れられており、搭乗するのは3人が限度であった。

ベルリンを基点に、ヴァイマル、ライプツィヒ、スヴィーネミュンデ（現ポーランド西部の都市シフィノウイシチェ）、ハンブルク経由で北海ズィルト島のヴェスターラント、ルール地方のゲルゼンキルヒェンを結ぶ航路を展開していた。

第一次世界大戦後は、航空機の平和利用が進行し、航空輸送は開拓時代にあった。たとえば、『星の王子さま』（1943年）で知られるフランス人作家アントワーヌ・ド・サン＝テグジュペリ（1900〜44）は、1927年2月ごろから郵便輸送を請け負うラテコエール社社員として、モロッコ最大の都市カサブランカからセネガルの首都ダカールを結ぶ郵便飛行機のパイロットだった。その実体験をもとに執筆したのが、『南方郵便機』（1929年）、『夜間飛行』（1931年）といった作品である。

## ローターの突然の死

ところが、戦後の新たな生活がはじまったリヒトホーフェン家に、さらなる過酷な運命がおとずれる。1922年7月4日早朝、ベルリン＝ハンブルク間を往還していたローターの航空機がハンブルク空港への着陸飛行中に、突然エンジンが停止し、緊急着陸を試みるも、木々と電信線に接触して墜落したのだ。ローターはこの事故で重傷を負い、それがもとで当日に死去した。

この日、ローターが操縦する航空機に搭乗していたのが、当時著名だったアメリカの映画女優フェルン・アンドラ（1893〜1974）である。アンドラはドイツ・サイレント映画時代の人気女優だった。

それゆえ、当時の新聞が彼女の生存を報道したが、ローターの事故死についてはほとんど言及していない。墜落事故があった1922年という時期には、彼がリヒトホーフェン家の人間であること、大戦中の活躍についても、もはや忘れられようとしていたのである。

大戦を生きのびた人びとには、すでに戦後の生活という新しい戦いがはじまっていた。1921年12月には3マルク90ペニヒのパンが、1年後、ローターが世を去った年の1922年12月には163マルク15ペニヒになっていた。それが3ヵ月後の1923年3月には463マルクになり、さらにその8ヵ月後には、パンひとつが2010億マルクにまで暴騰するのである。

1922年7月11日、ローターは故郷シュヴァイトニッツの軍営教会墓地で父親のとなりに埋葬された。シュレージエン戦争後にフリードリヒ大王が建立した教会である。葬儀の際には、オランダ亡命中の前皇帝ヴィルヘルム2世から個人的な弔電が届いて、遺族を驚かせた。しかしながら、父と次男が並んで眠る墓所は第二次世界大戦後に失われてしまい、現在はサッカー場となっている。

## 2 新たな大戦と一族のそれから

### 第一次大戦を生きのびた英雄たちの運命

ローターの人知れぬ死は、その兄マンフレートの戦死についても新たに想起させるものがある。すなわち、大戦末期の1918年4月下旬に戦死した彼が運よく死を免れて、生きのびていた場合に、戦後の彼がどのような存在になっていたかを追想させるのではないだろうか。さらにナチス政権が誕生し、第二次世界大戦が勃発した際には、マンフレートやローターがどのようになっていたかも容易に想像できる。

リヒトホーフェン戦闘機大隊の最後の隊長で22機撃墜記録を有するヘルマン・ゲーリングはのちに航空大臣、空軍総司令官に着任、敗戦時には国家元帥だった。ニュルンベルク裁判では死刑判決、独房内で服毒自殺した。

マンフレートに次ぐ撃墜数62機を記録したエルンスト・ウーデット（1896～1941）は戦後、航空ショーの花形パイロット、航空機制作会社の経営者、当時流行していた山岳映画への出演や航空機による撮影協力などをしていた。しかし、1933年にナチス入党後、1935年に航空省入省、翌年に技術局長に任命され、最終的に上級大将にまで登りつめたが、1941年に失脚、自殺した。

マンフレートの3歳年下の従弟ヴォルフラム・フォン・リヒトホーフェン（1895～1945）も8機撃墜記録とともに、第一次世界大戦の終戦をむかえた。ちなみに既述のとおり、マンフレートという名前は、このヴォルフラムの父親にちなんで名づけられたものである。

ヴォルフラムは従兄マンフレートが撃墜される前月の1918年3月に従兄が指揮する第11戦闘機中隊に配属された。マンフレートが帰還しなかった4月21日は、早くからその情報を得て、同日午後に捜索に飛び立った1人である。

戦後は除隊して、ハノーファー機械工科大学で学び、工学士となるが、1923年11月にドイツ国防軍の騎兵連隊に入隊する。ナチスの政権奪取後にはウーデットと同じく、1933年に空軍省入省、1937年4月にはパブロ・ピカソが《ゲルニカ》(1937年)を制作する契機となったゲルニカ無差別爆撃に参謀として参加している。

第二次世界大戦がはじまると、空軍高官として出世を重ね、1943年2月には元帥となった。脳腫瘍のために1944年10月から療養生活を送っていたが、敗戦の結果、アメリカ軍の捕虜となり、オーストリアの捕虜収容所で死去した。

こうした経緯を考えると、たとえマンフレートとローターがナチス政権誕生後まで生きながらえていたとしても、大戦中の戦場の空で命を散らすか、ナチス政権と反りが合わずに粛清されるか、あるいは空軍内で栄達をきわめたとしても、敗戦後のニュルンベルク裁判で戦争責任を負うという運命が待ちかまえていたと思われる。

## マンフレートの遺体を発掘する

ローターが飛行機事故で死去した翌1923年はインフレ経済の悪化が進行していく過程で、ヴァイマル共和国によるフランスへの賠償金支払いが停止し、ルール工業地帯はフランス軍に占領されてしまう。

そうした状況下で、かつてタンネンベルクの戦いでドイツ軍を大勝利に導いたエーリヒ・ルーデンドルフ将軍は前大戦の敗戦に大きな責任がある人物の1人だが、この1923年3月に声高らかに強調した。「最高司令部にとって、空軍兵力は頼りになる手段だった。命令を遵守し、また敵の抵抗がどれほど強固であっても、精鋭であり続けた。陸上や海上と同じく、われわれは〈空においてもまだ敗北していない〉」。

このように考えるルーデンドルフは1923年11月8日にアドルフ・ヒトラーのミュンヒェン一揆に参加して、翌日に警察に逮捕されてしまう。だがその一方で、前大戦の英雄たちをめぐる追想が熱をおびてくるのである。

すなわち、政治と経済の危機の時代に、リヒトホーフェンもまた、敗戦という屈辱的な国民感情を忘れさせるための崇拝対象として、再び脚光を浴びるのだ。すでに1920年代初頭には、クニグンデはマンフレートの故郷シュレージエンへの改葬をフランス政府と交渉していた。それが1925年11月にかなうこととなった。

フランス政府から許可を得た当時22歳の末弟ボルコがフランス北部のアミアン、アルベールを経由してフリクールに到着し、兄の遺体が3時間におよぶ捜索後に発掘されるのを見守った。1925年11月14日のことである。

第一次大戦休戦後すぐに、マンフレートの遺体はアミアンの北5キロメートルに位置するベルタングルの村落墓地から東方30キロメートルにあるフリクールのドイツ戦没者共同墓地に改葬されていた。この共同墓地は1920年に設置されたもので、ソンム戦役の戦死者約1万人と1918年の戦闘で戦死した7000人がフランスの79ヵ所の自治体にあった墓地から改葬された。そのなかの身元が判明した5000人が個別の墓に、残りの身元不明1万2000人は4つの共同墓穴に合葬されていた。

戦後7年が経過した状況を、ボルコが悲憤をもって記している。「当地のドイツ戦没者墓地は人びとを真に震撼させるようなありさまで、それを目の当たりにした印象は筆舌に尽くしがたい。〔……〕緑色なす葉の1枚どころか、花冠の一つもそえられておらず、これほど衝撃的な悲しいこの場所に、わずかでも好意的なものはなにもなかった」。それが戦場となった敵国内で戦死した兵士たちの遺体の処遇だった。

3時間の捜索が必要だったのは、5000人の墓所からマンフレートの墓碑を特定しなければならなかったからである。ドイツ語と英語で書かれた彼の銘板が釘で打ちつけられた十字架をようやく発見し、1時間ほどで棺を発掘すると、新しい棺に遺体を移したのちに、車両でアルベールに搬送、そこで貨車に搭載された棺はストラスブールを経由してライン川を渡河、国境に接した対岸の都市ケールに到着した。1925年11月16日深夜にマンフレートの遺体は祖国ドイツに帰還したのである。

ケールからフランクフルト経由でポツダムまでの旅程では、停車駅や沿道で歓迎を受け、歌や花束が奉献された。棺につき添うボルコは人びとの歓迎の意味を鋭敏に理解している。「ドイツのために落命し、異国の地で最期の安息地をみつけた何十万もの人びとすべてが故郷へ帰還できたわけではない。われらが死せるマンフレートを歓迎するために押し寄せた民衆たちはおそらく、彼をドイツ人の献身的かつ英雄的行為のシンボルとみなして、彼のなかに、祖国のために犠牲になった息子や兄弟たちをみて、彼らに敬意を表しているのだ」

### マンフレートの国葬

11月18日22時、マンフレートの棺を載せた列車はポツダム駅に到着すると、儀式のあとに、彼がかつて所属していた第１槍騎兵連隊の関係者たちによって棺が霊柩車《れいきゅうしゃ》に搬入された。

翌19日朝には、亜鉛製の棺は茶色の樫《かし》製の棺に入れられたのち、黒い布でおおわれた。そのうえには、花が何重にも積み重ねられており、棺の足部には木の十字架が置かれた。マンフレートの名前と識別番号５３０９１が書かれていて、フリクールの共同墓地に建てられていたものである。

棺の前方に設置された黒繻子《しゅす》の枕には、プール・ル・メリット勲章、第1級および第2級鉄十字章をふくむ25個の勲章が披露された。棺の頭部には、マンフレート愛用の騎兵サーベルと槍騎兵時代のヘルメットが置かれていた。

故郷シュヴァイトニッツの墓地に眠る父アルブレヒトと弟ローターのとなりに、家族はもともとマンフレートを埋葬したかったのだが、政府の強い要望によって、ベルリンの傷病兵墓《インヴァリーデン》地への改葬が決定されたのである。この墓地はドイツの著名軍人が多く葬られていたゆえである。

11月20日の国葬では、恩寵《グナーデン》教会での厳粛な儀式ののちに、撃墜王と同様にプール・ル・メリット勲章を授与された将校8名が棺を担ぎ、第2プロイセン砲兵連隊の砲車に載せられた。その後方すぐに母クニグンデとボルコが追随し、ついで大統領に就任したばかりの78歳のヒンデンブルク、リヒトホーフェン家の人びと、政府高官といった順で葬列が続いた。

上空には黒い三角旗をひるがえらせた飛行機隊が舞っている傷病兵墓地で、首相ハンス・ルター（1879〜1962）、国防相オットー・ゲスラー博士（1875〜1955）など多くの人びとに見守られながら、棺は降ろされて、埋葬の儀式が終わると、ヒンデンブルクがドイツの土をかけたのだった。

## フリードリヒ・ゲオルク・ユンガーのマンフレート評伝

第一次大戦戦没者に対するヴァイマル共和国時代のドイツの雰囲気を伝えているのが、エルンスト・ユンガー（1895〜1998）が編纂した『忘れえぬ人びと』（1928年）である。

19世紀末にハイデルベルクに生まれたユンガーは、20世紀末まで100歳を超える長寿をまっとうした文筆家である。日本では戦後に第二次世界大戦をめぐる評論やいわゆる戦争文学の翻訳がいくつかなされており、『ヘリオーポリス』（1949年）は幻想文学として邦訳が出版された。とはいえ、21世紀では作家としてはほぼ忘れられたに等しい。

ユンガーは23歳で家出して、フランスの外人部隊に入隊してアフリカにわたったが、父親の外務省への委託によって約ひと月半で連れ戻されたのちに、第一次世界大戦に従軍した。リヒトホーフェン兄弟と同じく西部戦線で何度も負傷しながら、士官として塹壕戦を戦い抜いた。

それゆえ、叙勲回数も並外れており、第1級鉄十字章、ホーエンツォレルン王家勲章剣付騎士十字章、戦傷章金章にくわえて、マンフレートとローターが叙勲されたプール・ル・メリット勲章も1918年に最年少で受章した経歴のもち主である。

「わが戦死者たちの、すなわち偉大なる犠牲者たちの写し絵のイメージを、最良の感性で民衆のものにすること」、「彼らの成しとげたもののなかに、それぞれの人生が個別に形成したものを映し出す鏡をみること」、「これらたくさんの形成されたもののなかに、あらためてドイツ人の性格という鏡をみること」を目標として、第一次世界大戦の戦死者たちを回顧する『忘れえぬ人びと』を、ユンガーは編纂した。冒頭には「ドイツの未来のために勝利し、戦死した人びとに！」という献辞がある。

とはいえ、同書のなかでマンフレート・フォン・リヒトホーフェンの評伝を書いたのは、エルンスト・ユンガー自身ではない。編纂者である兄エルンストの精神的な盟友ともいうべきフリードリヒ・ゲオルク・ユンガー（1898〜1977）である。

フリードリヒ・ゲオルクも1916年から第一次世界大戦に従軍し、翌年7月に激戦地ランゲマルクで重傷を負った。この弟も第二次世界大戦後にはいくつもの文学賞を受賞した文筆家だが、ローター同様に、日本では兄エルンストの陰に隠れた存在で、着目されることがもっと少なかった人物だろうか。

フリードリヒ・ゲオルクによるマンフレート評伝は終盤、弟ローターの航空事故死に言及したのちに、戦死した撃墜王の生涯を以下のように結んでいる。

彼の人生は純粋かつ冷徹にいとなまれ、純粋かつ冷徹にまっとうされた。かくして、それは奇跡的に完成されたもので、鉱石から研磨されたイメージと比肩するように思われる。それはこの勝利者のイメージ、つまりこの英雄の使命とそれが実現されたことを確信しているわれらの時代の英雄的人間のイメージである。彼の人生の道のりはすぐ眼前にあり、方向が決まっていて、非常にわずらわしく危険だったが、なんとしても歩まなければならなかった。星のように夜空に浮かぶ、この充溢《じゅういつ》した美しい青年を前にして心を揺り動かさない者はいない。その青年は銀色の輝きを放って、名もなき戦いという暗き地底から現れたのだ。そして、彼が純粋に体現したのは、戦争の衝動では満たされない世界がもはや知ることのない、人間性というすばらしい行動力である。そうした人間性は、水中や空中といった元素の領域で未来を構成する際に作用しているものだ。すなわち、おびただしい葛藤に苦しみ、重大な決断が迫られた際にみられる生命の力である。それにこそ、われらのこの未来にあるすべてが依拠しているということに気づいてもらいたい。

マンフレートの苦難の人生を理解し、その短い生涯の意義を、未来へのかけ橋として見出すことで、フリードリヒ・ゲオルクは結語としている。

リヒトホーフェン兄弟とユンガー兄弟は同じく、19世紀最後の10年間にこの世に生を享《う》けて、青春を大戦に捧げた同世代の軍人であった。重傷を負いながらも、第一次世界大戦をそろって生きのびたユンガー兄弟は、生き残った人間の義務として、撃墜王マンフレートと戦後に航空事故で落命したローターを、深遠な感慨とともに未来への糧として刻印しようとしたのである。

## それからのリヒトホーフェン一家

ベルリンの墓地でのマンフレート埋葬をめぐるエピソードはもう少し続く。

翌１９２６年10月には、クニグンデ男爵夫人による新しく設置された墓石の除幕式がおこなわれた。さらに１９３７年に、この墓石は横長のモノリス状の大型墓石に建て直される。ただ「リヒトホーフェン」とのみ刻印された新しい墓石の序幕をおこなったのは、リヒトホーフェン戦闘機大隊最後の指揮官で、この時期にはドイツ空軍総司令官になっていたヘルマン・ゲーリングである（図28）。

ヘルマン・コールが１９３７年に出版したマンフレートの伝記には、「だが、墓が永遠に閉じられたのちの翌週翌月には、数千もの人びとが巡礼のごとく傷病兵墓地に来訪した。そこに

図28　後方に新しい墓石、背中をみせているのがゲーリング

は、騎兵大尉マンフレート・フォン・リヒトホーフェン男爵の簡素な顕彰碑とともに、偉大なるドイツの過去と永遠なる英雄たちの栄誉を示す新しい記念碑の地が誕生したからである」と、マンフレートの墓にはたくさんの来訪者が連日、殺到したことを記している。

　第二次世界大戦末期、ベルリン攻防戦では、この傷病兵墓地をソ連軍が行軍した。このときの無数の弾痕はいまもマンフレートの墓石に生々しく残っている。末弟ボルコと長女イルゼと暮らすクニグンデ・フォン・リヒトホーフェン男爵夫人は、マンフレートの15回忌にあたる1933年4月21日に、その故郷シュヴァイトニッツの自宅を使用して、「リヒトホーフェン記念館」を開館した。

　マンフレートとローターの勲章、書簡、写真のほか、兄弟ゆかりの機体の羽布《はふ》、鹵獲した敵機の機銃、銀製の勝利記念杯60個などの記念品を公開した。この記念館は当時の青年や航空隊将校たちにとっての聖地となった。その訪問記がロルフ・イタリアーンダーの著作に収録されていることは既述のとおりである（第1章参照）。

ところが、第二次世界大戦末期の１９４５年１月にソ連の赤軍がシュレージエンに進軍してきた。クニグンデは降雪激しい厳寒の夜半に身のまわりのものを急いでまとめると、１９２９年に未亡人になっていた娘のイルゼとその子どもたちを連れて、車で避難した。砲火や銃撃の音が響き渡るなかでの出来事である。

このときに、シュヴァイトニッツのリヒトホーフェン記念館の収蔵品はソ連軍によって押収、本国へと送られたのちに行方不明となった。避難後、ゲーバースドルフ系リヒトホーフェン一家はヴィースバーデンに居を定めた。

この地で余生を17年過ごしたクニグンデは93歳で１９６２年に、旧西ドイツで事業に成功した末弟ボルコは68歳で１９７１年に死去して、ヴィースバーデン南墓地の家族墓所に埋葬された。

長女イルゼは１９６３年に72歳でニーダーザクセン州北端の都市クックスハーフェンで永眠して、ヴッパータール市のエルバーフェルト地区に葬られた。その一方で、歴史の変転がベルリンの傷病兵墓地で眠るマンフレートを放置しなかった。

図29　1933年からはリヒトホーフェン博物館として開放されたシュヴァイトニッツのリヒトホーフェン邸

1961年に「ベルリンの壁」が構築されると、この墓地は東ドイツ側国境の軍事封鎖区画となり、立入禁止となった。さらに1975年には、国境区画の整地対象に指定されたマンフレートの墓石は、一族の許可を得て、再度の改葬が決定した。

そうした改葬過程には、旧東ドイツの政治思想がプロイセンやドイツ帝政期の英雄にして貴族制度の象徴でもあった撃墜王マンフレートと折りあいがつかないという部分もあったはずである。

改葬先は、母と末弟が葬られたヴィースバーデン南墓地のリヒトホーフェン家族墓所のとなりである。また新しい墓石を建てられたマンフレートは、ようやく家族のかたわらで眠ることができたのだった。

1937年にゲーリングが除幕した際の墓石は、リヒトホーフェン家の好意によって、1975年3月12日に冷戦時代の再軍備が進んでいたヴィットムントハーフェン航空基地に寄贈された。この地はニーダーザクセン州北端に位置しており、1963年4月下旬に第71戦闘機大隊「リヒトホーフェン」が配置されていた縁による。ちなみにこの基地では、マンフレートの100周忌にあたる2018年4月に記念式典が開催された。

1959年からドイツ連邦国防軍では戦闘機隊の再建がはじまっていたが、1961年4月に「リヒトホーフェン航空団」の命名が許可された。初代の司令官は、第二次世界大戦の撃墜王エーリヒ・ハルトマン（1922～93）が就任した。ハルトマンは352機撃墜記録を有する前人未踏のエースパイロットで、敗戦後にソ連で10年以上の抑留を経験したのちに、現役に復帰していた。

ところが、このマンフレートの墓石をめぐる物語はここで終わらない。ドイツ再統一後の２００９年、ベルリンの傷病兵墓地内でかつてのマンフレートの墓石があった場所に、それを記した記念石が設置される。

さらに２０１７年６月25日には、ヴィットムントハーフェン基地にあったマンフレートの墓石が再び傷病兵墓地に返却された。１９３７年に建てられた墓石は、移築後42年が経過したのちに、ドイツ北端の地からベルリンの墓地に帰還したのだ。

## ３　メディアは撃墜王をどう描いたか

### 映像作品のリヒトホーフェン

マンフレート・フォン・リヒトホーフェンと関連のあるキャラクター・コンテンツが現代の日本でもいまだ人気である。すなわち、『ＰＥＡＮＵＴＳ』、犬のスヌーピーのことである。

公式サイトによると、作者チャールズ・Ｍ・シュルツ（１９２２～２０００）によるコミックは１９５０年10月２日にアメリカの新聞７紙で連載が開始されて以来、現在も世界中で連載されているとのことで、この作品の歴史は古くて長い。

とりわけ、「レッド・バロン！」と、飛行帽とゴーグルを装着したスヌーピーが切り出すコマはよく知られていて、ドイツの撃墜王リヒトホーフェンをライバルと目しているシーンである。

ＣＧアニメーション映画『Ｉ ＬＯＶＥ スヌーピー』（PEANUTS THE MOVIE、２０１５年）では、冒頭から赤い三葉機のおもちゃが飛び回るほか、劇中劇では、スヌーピーがフライングエースに扮して、自身の赤い犬小屋を操縦して、ドイツ空軍のエースであるフォッカーDr.Iと戦う（パイロットとしてのマンフレートはいっさい登場せず、その深紅の愛機のみが活躍する）。21世紀に制作された劇場版ＣＧアニメにいたっても、スヌーピーという作品とキャラクターには、第一次世界大戦の記憶がリヒトホーフェンの愛機とともに刻印されているといえよう。

映画『ブルー・マックス』（１９６６年）にリヒトホーフェンが登場することは既述のとおりだ。この作品で特筆すべきは、プール・ル・メリット勲章を授与された主人公が、事故死したライバルの撃墜を自身の功績にしたことが露見した結果、欠陥試作機でのデモンストレーション飛行を意図的に命令されて、知らずに墜落死させられるクライマックスシーンである。ドイツ軍最高勲章と空軍パイロットの名誉を守るためになされた措置という物語なのだが、これは１９４１年に自殺した航空省高官エルンスト・ウーデットが、試作機の事故死と公表されたことを想起させる結末である。

ほかにも、考古学者インディアナ・ジョーンズが少年・青年時代の冒険を語るスピンオフシリーズ『インディ・ジョーンズ 若き日の大冒険』(The Young Indiana Jones Chronicles, 1992〜93年)のエピソード12「Attack of the Hawkmen」にも、リヒトホーフェンとフォッカーDr.Iは登場しており、第一次世界大戦のドイツ軍のアイコンとして欠かせない存在といえよう。

### マンフレートを主役とした映像作品

ロジャー・コーマン監督の『レッドバロン』(Von Richthofen and Brown, 1971年)は、リヒトホーフェンと公式には彼を撃墜したとされるロイ・ブラウンとの戦いを中心に第一次世界大戦を描いた戦争映画である。誇り高い貴族出身の前者と、合理的思考で即物的な戦闘を得意とするカナダの農民である後者とが対比されている。

ジョン・フィリップ・ロー(1937〜2008)が演じるリヒトホーフェンは、長身で爽快なハンサム顔であるために、少し違和感がある(マンフレートがドイツ人としてはあまり背が高くないため)。

機体の塗装をめぐっては、軍の命令を故意に曲解して、リヒトホーフェン主導で、7機を虹の7色に塗装し、リヒトホーフェンは赤色の機体にするエピソードになっている。両者の戦いは、ついには憎悪の連鎖によって、双方の空軍基地を爆撃する報復の応酬へとエスカレートしていく。このとき、英軍基地の野戦病院を攻撃したヘルマン・ゲーリングをリヒトホーフェンは異動させるのだが、戦死後に彼の後継者にゲーリングが指命されるという皮肉な結末を迎える。空戦シーンがメインとなっている映画だが、リヒトホーフェンの意志に反して、戦争が殺戮の場となっていく過程を物語る反戦映画としての色あいが濃厚な戦争映画となっている。

一方、ニコライ・ミュラーション監督による『レッド・バロン』(Der rote Baron, 2008年）のほうは、21世紀に制作された映画ゆえに、ストーリー展開がスピーディーで、劇中カットもスタイリッシュである。空戦シーンのスピード感や画面の壮観さも秀逸で、戦争でのリヒトホーフェンの成長を描写するとともに、看護師ケーテ・オータースドルフに相当するヒロインは冒頭から登場し、マンフレートとのロマンスが展開する青春映画でもある。

たとえば、リヒトホーフェンが戦闘で頭部に重傷を負うシーンは、フランス人の子どもたち3人が農地の藁山《わらやま》で遊んでいるところに、赤い複葉機が着陸する。ひとりの子どもが戦闘機のシートのなかをのぞくと、顔面血まみれのマンフレートが失神しているといった演出で、リヒトホーフェン撃墜を描いている。

あるいは物語後半、英雄リヒトホーフェンの戦死を恐れて、出撃を禁じた最高司令部将校と直接に会談して、ドイツ降伏を進言したために降格扱いとなり、再び戦闘機パイロットとして復帰するシーンはフィクションであるが、着想としてはおもしろい。

肝心の1918年4月21日は、出撃直前のマンフレートのアップのあと、リヒトホーフェン撃墜の直接描写はない。2週間後にヒロインが北部フランスのリヒトホーフェンの墓地を来訪して物語は終わる。

エピローグで中心人物の事跡が紹介されるのだが、そこでひとりだけ架空の人物であることがわざわざ告知される。それが、マキシム・メーメット演じるユダヤ人パイロット「フリードリヒ・シュテルンベルク」で、「第一次世界大戦ではユダヤ人操縦士が／ドイツのために戦い優秀でもあった」と日本語字幕に記されるのだ。この大戦のドイツの敗因がドイツ国籍のユダヤ人の裏切りだと喧伝されたのはよく知られているが、これに対するユダヤ人復権を明文化している。

そもそも、この作品は反戦のメッセージ性が高く、主人公リヒトホーフェンはドイツ皇帝との会談で戦争批判を口にするほか、物語のクライマックスでは、自身がドイツ軍のプロパガンダに利用されたゆえに、たくさんの兵士が死地に送られる結果になったことを深く後悔しており、その責任をとるために自身も空で戦死するとの決意をヒロインに告白する。

マンフレート・フォン・リヒトホーフェンの自伝を堅実に読みこんだうえで、史実にいくばくかのフィクションを導入した物語構成ながらも、すぐれた反戦映画としての側面をもたせたエンターテインメント映画としてうまく成立しているだろう。

## もう一つの同時代史へ

21世紀になっても、100年前の世界大戦の英雄マンフレート・フォン・リヒトホーフェンがメディアに登場することを確認したところで、彼と弟ローターという兄弟の物語を区切ろう。

次章以降で取り上げるのは、兄弟の遠縁の連枝エルゼとフリーダである。いわゆるリヒトホーフェン姉妹はともに1870年代生まれであるために、90年代生まれのマンフレートとローターよりもふた世代近く年長だった。とはいえ、戦争と航空事故によって20代で早世した兄弟よりも、姉妹ははるかに長命で、二度の世界大戦後まで生きたのである。

20世紀前半くらいまで、ヨーロッパの貴族に生まれた男性が軍人になることは一般的であったが、マンフレートとローターが生きた戦争と動乱の時代を、同一の貴族家系に属する姉妹はいかに生きたのか。

戦場とは無縁だったエルゼとフリーダの生涯をたどることとは、19世紀末から20世紀前半のドイツおよびヨーロッパの市民社会や女性をめぐる制度や法律、慣習や文化についても触れることを意味している。

それゆえに次章以降では、撃墜王兄弟が生きた第一次世界大戦とその戦後史とは異なる、ドイツを中心としたヨーロッパの同時代史の側面が、姉妹の物語を介して記されることになるだろう。

そして、同時代のリヒトホーフェン家の兄弟と姉妹の生涯を本書で併記する意義については再度、「結び」で言及する。

# 第3章　女性とアカデミズム――エルゼ

## 1　国民経済学博士号を取得した女性

### メッツのリヒトホーフェン家

エルゼとフリーダ姉妹がリヒトホーフェン家のハイナースドルフ系に属すことは、序章で述べたとおりだが、姉妹は一族の領地があったシュレージエン南部地方ではなく、人生の初期をメッツ（現フランス北東部の中心都市メス）で過ごしている。

ロベルト・ルーカスが1972年に出版したフリーダの伝記によると、1830年代のシュレージエン一帯はビート（甜菜《てんさい》）による世界的な砂糖生産地になっており、曽祖父のルートヴィヒ・プレトリウス・フォン・リヒトホーフェン（1770～1850）は、ビート投機の失敗で没落した農場主だったという。

姉妹の祖父のヨハン・ルートヴィヒ（1800～80）はオーバーシュレージエン地方のリュブニク（現ポーランドのリブニク）郡郡長であったが、家運は衰亡の一途をたどっていた。その

図30　3姉妹の両親フリードリヒとアンナ

妻はポーランドの貴族の娘アマーリエ・ルイーゼ・フォン・ラスツォースカ（1811～60）である。姉妹はこの祖母を「ラスツォースカ伯爵夫人」と呼んだが、ルーカスの調査では、その称号を所有する権利についての確証が得られなかったとしている。

彼の息子フリードリヒ［・カール・ルーイ・エルンスト・エーミール・プレトリウス］・フォン・リヒトホーフェン（1845～1915）が姉妹の父である（図30）。

フリードリヒが16歳で軍人の道を選んだのは、このとき母親は死去しており、父ヨハン・ルートヴィヒが祖父と同じく投機の失敗によって土地を売却したのちに、娘の夫の地主の家で余生を過ごしていたからだろう。そして、時代はドイツ帝国勃興期で、普仏戦争（1870～71）がはじまろうとしていた。19世紀後半の貴族たちが軍人になるのは通例であった。マンフレート兄弟とその父親もそうだったように、フリードリヒもヴァールシュタットとベルリンの幼年学校に通ったのち、工兵隊の若き下士官になった1861年のプロイセン王ヴィルヘルム1世（1797～1888）の戴冠式には、名誉なことに近習として臨席している。

普仏戦争に従軍したフリードリヒは、シュトラースブルク（現フランスのストラスブール）占領軍に属すも負傷し、フランス軍の捕虜となった。戦争はプロイセンの勝利で終わったが、フリードリヒは戦傷が原因で右手に障害が残ったため、中尉の階級と鉄十字章が与えられて、免官となった。25歳のときである。

だが、フリードリヒは故郷のシュレージエンに帰還せずに、フランスから割譲されたロートリンゲンの新たなドイツ地区の民政官として、メッツへの赴任と移住を選んだ。そして、この地でドナウエッシンゲン出身の弁護士の娘アンナ・マルキエ（1852〜1930）と結婚する。彼女はフランス革命から逃れてきたフランス人が先祖だった。

図31　長女エルゼ・フォン・リヒトホーフェン

この2人の間に、3人の姉妹が誕生する。長女エリーザベト・フリーダ・アマーリエ・ゾフィー・フォン・リヒトホーフェン（1874〜1973）、愛称はエルゼ（図31）。

次女はフリーダと呼ばれたエマ・マリーア・フリーダ・ヨハンナ・フォン・リヒトホーフェン（1879〜1956）で、ヘレーネ・ヨハンナ・マティルデ・フォン・リヒトホーフェン（1882〜1971）がヌーシュ（Nusch, クルミの意）こと三女であった。

本章で取り上げるのは長女エルゼである。多数の肩書きを有するドイツ人学者マックス・ヴェーバー（１８６４〜１９２０）とマリアンネ夫人（１８７０〜１９５４）と公私ともに親密な関係にあった男爵令嬢として、21世紀の現在では知られている（図32、33）。

図32　マックス・ヴェーバー、1918年

図33　マリアンネ・ヴェーバーとマックス、1894年

## エルゼとマックス・ヴェーバーの秘めやかな関係

２０２０年はマックス・ヴェーバー没後１００年であった。これを契機に、筑摩書房、中央公論新社、岩波書店からそれぞれヴェーバーに関する新書が出版された。前世紀では、ややタブー視されていたらしいエルゼとヴェーバーの関係だが、これらの新書をひもといて、現在ではどのように記されているかを確認してみよう（けっして、各書の是非を論じるわけではない）。

中野敏男『ヴェーバー入門　理解社会学の射程』（ちくま新書）は、サブタイトルにあるように、ヴェーバーの理解社会学の理解と紹介に重点が置かれていて、伝記的事実の記述はほとんどない。

野口雅弘『マックス・ウェーバー　近代と格闘した思想家』（中公新書）では、マックスの妻マリアンネと、ヴェーバーの弟子エルゼが「聴講生」として大学で学んでいたこと、1900年の博士号取得とならんで（後述）、「彼女とマックスの関係は、教師と学生というだけでは終わらず、マックスの死まで続くことになる」と、婉曲に表現されている。

今野《こんの》元《はじめ》『マックス・ヴェーバー　主体的人間の悲喜劇』（岩波新書）は、ヴェーバーの生涯とその思想の歴史的文脈の解明をテーマにしているために、エルゼ・フォン・リヒトホーフェンとの関係のみならず、エルゼ自身についても数ヵ所で言及している。

ヴェーバーがエルゼを「かわいいR」（die kleine R）と呼び、謙虚な愛弟子として評価したこと、恩師にあたるベルリン大学の国家学教授グスタフ・フォン・シュモラー（1838～1917）のもとに推薦状を書いて送り出したこと。さらには1902年に経済学者エドガー・ヤッフェ（1866～1921）と結婚したエルゼとの間に子をもうけた情夫の精神分析医オットー・グロース（1877～1920）との関係にくわえて、神経衰弱を患っていたヴェーバーが「闘病の傍らでこの愛弟子エルゼに恋心を燃やすようになった」と明記している。さらに同書には2人の関係に深く踏み込んだ記述がある。

結婚後のエルゼが1907年にグロースとの間にペーターをもうけ、マックスの独身の弟「アルフレート・ヴェーバーとも1909年年末以降親密な関係に入」り、ふた組の夫婦と、弟アルフレート、グロース、女性ピアニストのミーナ・トーブラー（1880〜1967）の間で「ときに性的な、ときに知的な関係」が多角的に展開したとされる。ヴェーバーと夫エドガー・ヤッフェの死後には、1931年からアルフレートとともに1958年のその死去まで暮らし、1973年に99歳で死去したことまで、エルゼのセンセーショナルな半生をほぼ記載している。

以降、エルゼ・フォン・リヒトホーフェンの事跡と生涯について、記していこう。

## エルゼの青春時代

エルゼ・フォン・リヒトホーフェンが1874年10月8日に生まれたのは、エルザス・ロートリンゲン地方のシャトー＝サランである。すでに触れたように、普仏戦争での負傷で退役した父フリードリヒがこの地で民政官の任についていたからだった。そののち、家族は1876年にザールブルク（仏語でサールブール）、1878年3月中旬にメッツへ移住した。

高級官吏の家庭生活を享受したエルゼは、幼少期から知的好奇心が強く、カルメル会修道士が運営するメッツのサント・クレティエンヌ学校で学業に励んだ。1892年生まれのマンフレートよりも18歳年長であるエルゼは、19世紀最後の四半世紀に青春時代を過ごしている。しかも、この時期には、女性の教育や職業をめぐる制度や法律が大きく変貌しており、彼女は市民階層出身の女性知識人として、その変化の中心にいた。

多くの男性が伝統的な結婚を望まない風潮が広がると、１８９０年代以降、市民階層の女性は職業に就こうと動き出す。女性にとって、もっとも社会的地位が高い仕事は教師である。当然、エルゼもそれを目標とした。

メッツの女子高等中学校の上級課程を修了し、１８８９年９月にはドイツ南西部バーデン地方のフライブルク近郊リッテンヴァイラーの寄宿舎学校へ入学した。この教育施設は母アンナの旧知の友ユリーとカミラのブラース姉妹が運営していて、のちに妹のフリーダやヌーシュも学んだ。

ここで、エルゼの後半生を大きく左右する生涯の友、グラーツの弁護士の娘フリーダ・シュロッファー（１８７６～１９５０）と知りあう。恋愛に比されるほどに、ふたりは親密な関係を結ぶ。フリーダはエルゼとともに、自身と同名の妹フリーダ・リヒトホーフェンとも交流を深めていくのだが、３人の深い友情はのちに、数奇な運命をもたらすことになる。

## マックス・ヴェーバーとの出会い

エルゼが１８９０年秋にリッテンヴァイラーで１年間の教育を終えた時期、ドイツでは女性が大学で学ぶことは原則的に不可能であった。大学入学資格《アビトゥーア》を獲得できる中等教育機関のギムナジウムに女性は修学できなかったからである。女子が通える４年制ギムナジウムがカールスルーエで開校されるのは、ようやく１８９３年のことだ。

しかしながら、20世紀最終年の1900年から自由主義の気風が強いバーデン大公国で、1903年からはドイツ諸国内で、プロイセンでは1908年から、女性が「聴講生」として大学の講義への参加が許可された。

それゆえ、1890年時点でのエルゼのさらなる教育の選択肢としては、女子高等中学校《テヒターシューレ》や国民学校《フォルクスシューレ》で教える女性教師のゼミナールに通うことだった。そこで一般知識、裁縫、フランス語、英語を学び、語学試験で好成績をおさめると、女子高等中学校や国民学校の女性教師になれる道が開けた。

エルゼは1890年秋からトリーアの女子高等中学校の女性ゼミナールで1年間学んだのち、翌91年10月に17歳で語学試験に合格した結果、故郷のメッツに戻り、女子高等中学校で教師人生を開始する。彼女が優れた語学能力を有していたことは後年、エルゼが妹フリーダの夫D・H・ロレンスの小説数編を独訳した事実が証明している。

3年後の1894年5月末、プロイセン文部省が女性教育をめぐる規定を発布する。女性教師が上級試験に合格すれば、高位の教育機関での教育資格を獲得できるようにするものだった。ただ、そのためには専門教育課程を修了するか、聴講生として大学へ数年間通学しなければならなかった。

エルゼの教師人生はここで一転する。メッツに大学がないために、1894年秋にフライブルクで教師をしながら、2年間の高等教育を受けることにしたのだ。この地では、5年前に教えを受けたブラース姉妹や、親友フリーダ・シュロッファー（その伯父アロイス・リールはフライブルク大学の哲学教授であった）とも旧交をあたためた。そして、1893年にフライブルク大学の国民経済学教授に着任したばかりだったマクシミリアン・カール・エーミール・ヴェーバー、すなわちマックス・ヴェーバーと出会うことになる。

プロイセン勃興期、ヴェーバーは貴族ではないものの、テューリンゲン地方の都市エアフルトで裕福な市民階層の家系に生まれ、少年時代をベルリンのシャルロッテンブルクで過ごした。大学の教壇に立った期間があまり長くないうえに、生前にまとまった著作をついに上梓しなかったが、講演や論文などで経済学、政治学、社会学、宗教学といった社会科学の全域にわたるほど言及した知識人で、政治的発言力をもつ自由主義的思想家であった。さらには、強大なドイツ的父権制を象徴する男性知識人でもあっただろう。

実存主義哲学者カール・ヤスパース（1883～1969）は、『マックス・ヴェーバー』（1932年）で、ヴェーバーを「真理の探究者」、「哲学者としては政治家であり、哲学者としては研究者である」と述べており、政治・憲法学者カール・レーヴェンシュタイン（1891～1973）はその存在の巨大さを「ビスマルク級」と評している。第二次世界大戦後に旧西ドイツ大統領となるテオドール・ホイス（1884～1963）は、ヴェーバーの死亡記事に寄せて、故人の強烈な個性を以下のように論じた。

「年長の人びとや専門の学者にとっては、彼は経済学者あるいはそうしたものだっただろう。

しかし、われわれ若い者たちにとって、彼との出会いは、ひとりの魔人のような個性を経験することを意味していた。彼は男たちに力をおよぼす者で、破壊的な憤怒の力、客観的な明晰さ、魅力的な優雅さを有していた。彼の発言すべては示唆にあふれており、生まれついての〈カリスマ〉にして、生来の優美な指導力をもっていた。そして、彼には禁欲的な厳格さにくわえて、悲劇的な諦念とある種の悲壮感があり、それは主体的な意志と感情による情熱を、必然性の法則へと従わせるものであった」

哲学教授アロイス・リールのサロンで、エルゼがこの当時はまだ若き社会科学者に紹介されたのは1895年11月のことである。彼女はこの時期に彼の講義を聴講するようになり、1893年にマックスと結婚していたマリアンネ・ヴェーバーとも知りあって、夫妻の自宅に客として呼ばれる関係になった。マックスの妻マリアンネもエルゼと同様、非正規学生だったが、哲学者リールやハインリヒ・リッケルト（1863〜1936）のゼミナールに参加する一方で、労働や教育促進に関する女性運動に寄与していた。

1897年にマックスがハイデルベルク大学に国民経済学・財政学教授として招聘《しょうへい》されると、エルゼもハイデルベルクに転学し、1897年の冬学期と98年の夏学期の1年間を「聴講生」として、ヴェーバーのもとで国民経済学を学んだ。公法学者ゲオルク・イェリネック（1851〜1911）、哲学者パウル・ヘンゼル（1860〜1930）の講義を聴講したほか、カール・マルクス、アダム・スミス、デヴィッド・リカードといった経済学者の著作も読んでいる。

このハイデルベルク時代に、エルゼとマリアンネの関係はさらに親密になった。1898年7月末のころには、エルゼはヴェーバー家に3日続けて滞在している。マリアンネはエルゼを「リヒトヘーフヒェン」（Richthöfchen、「リヒトホーフェンちゃん」）と呼んでいる。マリアンネに刺激されて、エルゼも女性運動に参加するようになった。

一方で、親友フリーダ・シュロッファーがいるグラーツを訪れることも忘れなかった。自転車の乗りかたを習得したり、フリーダとともにゲーテを読んだりしたのだった。

## ベルリン大学時代

1898年冬学期から1900年冬学期までの2年半、ひき続きエルゼはベルリン大学で学ぶが、今回は博士号取得をめざしていた。当時のベルリン大学は世界有数の大学で、十数年前には医学生の森鷗外《おうがい》も留学していた。

ヴェーバーが愛弟子を推薦した学者は、恩師にあたる著名な国民経済学者グスタフ・フォン・シュモラーのほか、マックス・ゼーリング（1857～1939）、哲学者・社会学者ゲオルク・ジンメル（1858～1918）などである。

しかも、ヴェーバーが関係各所に働きかけた結果、エルゼの学位取得を条件に、修学後にはバーデン大公国の工場監督官という修学後の地位が用意されたのだった。このときには、エルゼの近縁者で寓居先であった外務省次官補オスヴァルト・フォン・リヒトホーフェン（1847～1906）にまで話がおよんだ。

博士論文のために、官庁や図書館で国民経済学や社会政治学の調査を重ねていたエルゼは、ベルリンでマックスの実弟アルフレート・ヴェーバー（1868～1958）の知遇を得る。当時の彼は大学教授資格請求論文《ハビリタツィオーン》を執筆中だったが、エルゼに助言や支援を惜しまなかった。

エルゼがベルリンで寓居していたのは、前述のオスヴァルトの邸宅である。彼が外務省官僚であったために、エルゼもベルリンの社交界にデビューせざるをえなかったが、知的世界の住人である彼女に関心をいだかせるものはなかった。とはいえ、そうした社交の場面で、縁戚者にして、中国や日本での調査経験がある地理学者フェルディナント・フォン・リヒトホーフェンに会う経験もしている（序章参照）。

1899年冬学期では、エルゼは日曜の晩餐にシャルロッテンブルクのヴェーバー邸へよく招待されたが、マックスの母ヘレーネ、弟アルフレートにくわえて、のちに夫となるエドガー・ヤッフェとの出会いがあった。

## 博士号授与

1900年夏学期にエルゼが再びハイデルベルクに戻ったのは、マックス・ヴェーバーを指導教授《ドクターファーター》として博士論文を提出するためである。バーデン大公国のハイデルベルク大学は1

900年2月末以降、女性に入学が公式に許可された最初の大学であったものの、大学入学資格のないエルゼが、正式な学生ではない立場で学位請求論文を提出することが、いかに特別待遇であったかは明らかである。

そして、エルゼの博士論文『専横的政党における労災防止法立法に対する姿勢の歴史的変遷とその変遷の動因について』が「最優等で《ズマ・クム・ラウデ》」という評価だったことは、さすがに親友のマリアンネでさえ、夫マックス宛て1900年7月30日付書簡で否定的かつ嫉妬の感情を吐露せずにはいられなかった。

ちなみに、博士論文をめぐる当時の事情は、現在とは大きく異なっている。この時代、国民経済学修学に必要とされたのは6ゼメスター、つまり3年間であったうえに、博士号獲得が修了条件であり、そのための学位論文は希薄なものであって、現在のドイツの大学ではおそらく卒業論文《マギスターアルバイト》に相応するだろう。事実、エルゼの博士論文は73頁しかなかった。

一般的伝記では、彼女の学位授与は1900年7月末となっていることが多いが、その博士論文は1901年末に印刷されたために、博士号授与の正式な日付は1902年1月7日である（ドイツでは、学位論文の出版物を大学へ提出したのちに承認されて、ようやく正式の博士学位授与手順が完了する）。こうして、マックス・ヴェーバー最初の女子学生エルゼ・フォン・リヒトホーフェンは、その最初の女性学位授与者となった。

## 女性工場監督官として

1893年のバーデン大公国居城都市カールスルーエで女性が通えるギムナジウムが創立された。これを端緒に、女性の大学聴講や入学といった、女性をめぐる不平等な教育制度の改革が暫時、着手されはじめたのは19世紀最後の20年間以降であるために、通常、1874年生まれのエルゼに博士号が授与されるのは異例中の異例である。

ヴェーバー夫妻との邂逅など、さまざまな要因やタイミングが運よく功を奏した結果だろうが、彼女が男爵令嬢という身分（と美しい容姿）であったことは、1世紀以上昔のホモソーシャルなアカデミズム社会や中流以上の市民社会で肯定的に作用したとはいえそうだ。現実に、エルゼに対する後年のヴェーバーの態度はそれを証明するものではないだろうか。そして、カールスルーエでのドイツ最初の女性工場監督官（しかも博士号を有する）にして、ドイツ最初の女性高級官吏であるエルゼの真に波乱の人生はここからはじまるのである。

エルゼの仕事は女性の工場労働者の権利を保護することで、対象はバーデン大公国領内のタバコ、繊維、装飾品の工場すべてと、それらで働く約6万人の女性労働者である。タバコ関連だけでも、700もの中小工場で2万3000人の女性労働者が勤務しており、エルゼは現地を査察して、違反行為を裁定するのだ。ある講演で、女性労働者たちの経済的な困窮に対して、エルゼは強い同情を示している。

ライプツィヒとドレスデンへの講演旅行や、1901年にはイギリスでの工場視察旅行もおこなったが、この名誉ある職に彼女がついていたのは、１９００年８月から１９０２年11月までの２年４ヵ月ほどの期間でしかない。なぜなら、かつてベルリン大学で恩師シュモラーのゼミナールでともに学んでいたエドガー・ヤッフェと結婚したのちに退職したからである（図34）。

## 才媛の結婚と出産

エルゼが工場監督官の仕事に負担を感じていると記したのは、マリアンネ宛て１９０２年１月24日付書簡である。彼女の経歴を想起すれば意外に思われるが、彼女は富裕な男性との結婚と経済的保障のある家庭生活を得ることにしたのだ。

図34　エルゼの夫エドガー・ヤッフェ

同時期、次妹フリーダは19歳で１８９９年８月29日に歳の離れたイギリス人言語学者と、末妹ヌーシュことヨハンナは18歳で１９００年８月２日に軍令部所属の軍人マックス・フォン・シュライバースホーフェンと結婚して、家庭をもっていた。この３姉妹の結婚については、興味深いエピソードが伝わっている。

あるとき、父親フリードリヒが娘3人に「結婚したいと思う者と、おまえたちは結婚してかまわない」と告げたのちに、「それがユダヤ人、イギリス人、賭博師でないかぎり」と条件をつけたという。ところが皮肉にも、3姉妹はそれぞれ禁じられた相手と結婚する。じっさいに、このリヒトホーフェン男爵令嬢3姉妹の初婚は、すべて不幸な結末だったといえよう（末妹ヨハンナの夫は高位の軍人であったが、賭博でつくった負債で破産したために、23年間の別居生活のあとで離婚する）。

すでにハイデルベルクでの学生時代の1897年から、エルゼはルドルフ・パーダーシュタインという美丈夫の若いユダヤ人医学生と交際したが、たがいの将来の展望が折りあわず、最終的には1900年末に婚約破棄にいたる経験をしていた。

エルゼが結婚相手として白羽の矢を立てたエドガー・ヤッフェはベルリンで一度、エルゼに結婚を断られている。その後、彼女とともにハイデルベルク大学へ転学し、1902年に学位を取得していた。ハンブルクのユダヤ商人の息子で、イギリスのマンチェスターで繊維工場を10年間経営した彼はすでに莫大な資産を蓄えていた。ベルリン近郊では、シャルロッテンブルクのクアフュルステンダムの地所のほか、グルーネヴァルトの地所と建物を所有していた。父親が死去し、財産を相続すると、エドガーは学者をめざした。

後述するが、このエドガー・ヤッフェは1900年以降、頻繁にスイスのティチーノ州のアスコーナとロカルノに来訪しており、のちにミュンヒェンのシュヴァービング地区の芸術家たちのパトロンになる。学術面では1904年以降、エドガーはヴェーバーとヴェルナー・ゾンバルト（1863～1941）と『社会科学・社会政治学論叢《ろんそう》』を共同編集していた。

やがてエルゼの思惑どおりに、事態は進行する。数度の書簡を交わしたのち、2人は1902年6月上旬に婚約、11月18日に結婚する。博士号を有するドイツ最初の女性高級官吏であったエルゼはヤッフェ（Jaffé）姓となって家庭に入り、退職したのだった。

ところが、1903年9月28日に第1子「フリーデル」ことフリードリヒ・ベルンハルトが誕生すると、翌年秋にはもう、子育てがエルゼに重くのしかかりはじめた。1歳児を夫エドガーと女中にまかせたまま、不定期でメッツの両親のもとに里帰りするようになったのである。夫婦関係に亀裂が生じた最初の瞬間だった。

エルゼは神経衰弱が昂《こう》じて、坐骨神経痛に悩まされるようになると、バーデン・バーデンのサナトリウムで療養したこともあったが、なかなか完治しないために、大学病院の整形外科医フリードリヒ・フェルカー（1872～1955）に相談した。フェルカーは多くの手術方法を考案し、のちに近代泌尿器学の創始者として名を残す人物である。

この外科医が1904年から5年間、エルゼの愛人となった。以前からハイデルベルクで看護婦との浮名を流していたフェルカーとの「関係」は、のちにはマックス・ヴェーバーからも激しく批判される。この時期のエドガーは数ヵ月にわたってミュンヒェンに滞在しており、2人の関係に気づいていたかは不明である。しかも、彼が1905年前半にはドイツ国内のほか、スイスやイタリアへ何度も1人で旅行するようになっていたのは、エルゼの意向ゆえである。

エルゼの父フリードリヒは民政官として地元の名士だったものの、その一方で、賭博狂いと女性関係の清算のために大きな借財をつくり、借家暮らしに追いこまれた。破綻した夫婦関係をその眼前で見て育ったにもかかわらず、エルゼは父と同じ轍《てつ》を踏んだ。

なお、現代の視点からエルゼが過度の批判にさらされないように、この時代の上層市民階級の女性の品行について説明しておきたい。そうした階層の女性は通常、「純潔」のまま嫁入りするために、未婚の間は両親やお目付け役の女性から非常に厳格にしつけられる。しかし、妻になったのちには、秘密の愛人がいるのはそれほど新奇なことではない。それが当時の市民社会の性道徳であった。

たとえば、「ハウスフロイント」(Hausfreund)という語は、婉曲的に「主婦の愛人」を意味する語で、『グリム・ドイツ語辞典』にも「〔……〕あまりよろしくない意味で、既婚女性の愛人を指す」と記載されている。さらに、ギュスターヴ・フローベールの『ボヴァリー夫人』(1857年)に代表される、19世紀後半に人気を博した文学作品の主人公が中流以上の市民階層に属する「不実な妻」であることが多いのは、そうした市民道徳が理由の一つである。

一方でこの時期、エルゼは女性解放運動家ヘレーネ・ランゲ(1848〜1930)の月刊誌『女性《ディー・フラウ》』に女性労働者に関する論文を発表するなどの活動を行っていたが、1904年12月に再び妊娠し、翌年8月21日に第2子マリアンネ・エリーザベト・ゲルトラウトを出産する。

このとき、エドガーはアルプス山中にいて、長女の出産に立ち会っていない。

ヤッフェ夫妻のこうした結婚生活を考察する際に示唆的なのは、マーティン・グリーンの大著『リヒトホーフェン姉妹』（1974年）での指摘である。すなわち、エルゼが結婚したのはハイデルベルクだったのだと、グリーンは述べている。大学都市ハイデルベルクが推戴する知識人たちによって構築されるアカデミズムの世界と、エルゼはエドガー・ヤッフェを媒介して結婚したようなものだということだ。

## 2　オットー・グロースとの出会い

### 異端の思想家

1907年初頭、ヤッフェ夫婦がミュンヒェンで数週間滞在したのは、エルゼの年来の親友フリーダ・シュロッファーに会うためである。フリーダは1903年にフロイトの弟子で同じくグラーツ出身の精神分析医オットー・グロースと結婚しており（グロース姓を名乗った）、この時期にはミュンヒェン北部シュヴァービング地区に暮らしていた（図35、36）。

ミュンヒェン滞在で、エルゼは新しい世界を知る。1900年の時点でハイデルベルクが人口約4万4000人のうち、大学教員が148人、学生1688人の小さな大学町なのに対して、同時期のミュンヒェンは人口54万人の大都市であった。

そして、グロース夫妻は自宅に戻らず、「ジンプル」と呼ばれたレストラン「ジンプリッツィスムス」や「カフェ・シュテファニー」ですべての食事をすませ、そこで丸一日を過ごす生活をしていた。この2店には、シュヴァービングに暮らすボヘミアン（市民的規範にしばられない芸術家、文学者）が集結していたのであり、のちにはヤッフェ夫婦のコンラート通り16番地の住居も、グロースもふくめた彼らが来訪するサロンの場所となった。

リヒトホーフェン姉妹の伝記や評伝で、オットー・グロースに言及しないものはまず存在しない。その理由は寄宿学校時代からの親友フリーダ・シュロッファーの夫であったというだけではなく、さらなるほかの事実によってである。

19世紀末から第一次世界大戦前後には、ダルムシュタットのマティルデンヘーエやベルリン北方に位置するオラーニエンブルクの「エデン」のように、志をおなじくする芸術家や菜食主義者が移住して、共同体《コロニー》で生活するという生活様式が実践されていた。オットー・グロースは現在では、スイス南部マッジョーレ湖に面したアスコーナ村の生活改革運動家（菜食主義、禁酒禁煙、自然療法、女性の衣服改革などを推進・実践する思想家一般）の共同体モンテ・ヴェリタとミュンヒェン・シュヴァービング地区という芸術家共同体の特質を体現する人物とされている（グロースも菜食主義者で禁酒主義者だった）。その複雑な生涯と思想を描述することはかなり困難である。

犯罪学をグラーツ大学の学科として創始した刑法学教授ハンス・グロース（1847〜19

45）を父にもつオットーは、地元のギムナジウム卒業後に、医学をグラーツ、ミュンヒェン、シュトラースブルクで学んだ。1902年のある書簡で、ハンスは一人息子オットーの少年時代を以下のように描写している。「たとえば、彼〔オットー〕は10歳のときに知識で、すなわち自然科学的なもの、神話学、伝説学、ラテン語、ギリシア語などであらゆる16歳の若者を凌駕していた」。1897年から1900年の間はグラーツ、ミュンヒェン、ケルノヴィッツ、シュトラースブルクで研修医や一般医として活動しながら、1899年にグラーツで医学博士の学位を取得している。

そののち、南アメリカを就航する船舶の船医となるが、この時期から薬物を使用するように

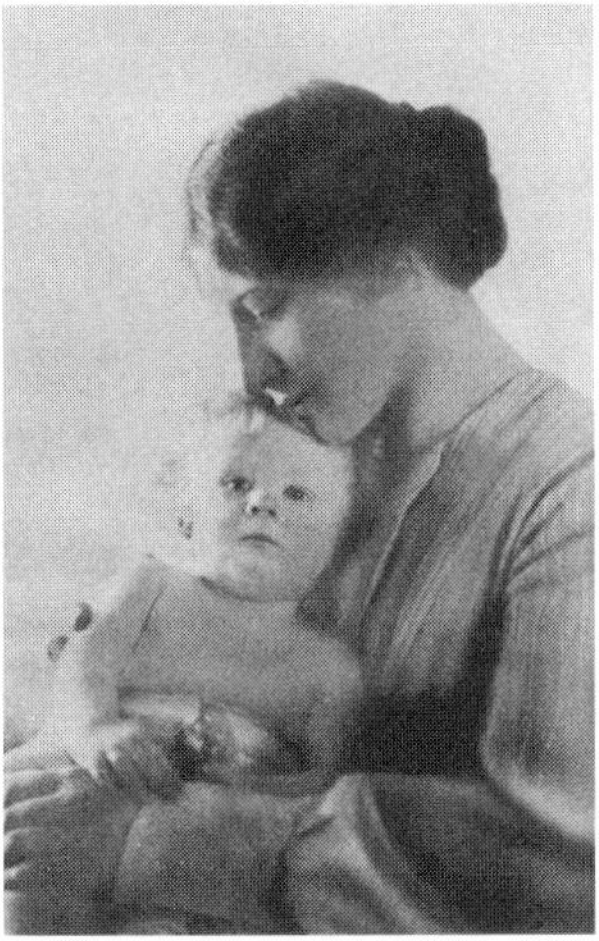

図35　フリーダ・グロースと長男ペーター

図36　オットー・グロース

なる。さらに2年間はミュンヒェンとグラーツで精神分析医としての経験を積みながら、父親ハンスが運営する論叢に最初の論文を掲載したほか、医学誌にも記事を書いた一方で、チューリヒのブルクヘルツリ病院で最初の薬物禁断療法を受けた。

1903年に同郷のフリーダと結婚してから数年間は、種々の医学雑誌に論文を投稿した。1905年に初めて、オットーはモンテ・ヴェリタに滞在している。1908年に神経症患者オットーの担当医となるカール・グスタフ・ユング（1875〜1961）によれば、モルヒネ中毒の禁断療法のためだった。とはいえ、1905年前後はフロイトの優秀な弟子であり、おそらくヨーロッパでは最高の知能を有する人物の1人だっただろう。

1906年にはグラーツ大学で精神病理学の私講師に任ぜられるも、この年に事件を起こしてしまう。アスコーナの共同体モンテ・ヴェリタの創始者の1人であるロッテ・ハッテマー（1876〜1906）が服毒自殺したのだが、彼女に毒を与えたのは、この年4月に再びアスコーナに滞在していたオットーだったのだ。事件の詳細は不明な点が多いが、以後のグロースはミュンヒェン警察から目をつけられる存在となった（1911年3月には、彼の最後の愛人で画家のゾフィー・ベンツの自殺にも関与していた）。

同年秋に、妊娠したフリーダとともに、オットーはミュンヒェンの芸術家地区「モンマルトル」ともいうべきシュヴァービングに移住した。2人とも故郷グラーツに二度と戻らなかった。フリーダ・グロースはこのミュンヒェンで1907年1月31日、オットーとの間にもうけた第1子ペーター・ヴォルフガング（1907～1946）を出産した。オットーはドイツ語圏最大の精神医学の権威エーミール・クレペリン（1856～1926）の診療所で助手として勤務する。ちなみに1898年3月に、クレペリンによってヴェーバーは「神経衰弱」の診断を受けている。

この治療施設では、のちにその症例を世界で最初に報告したことから病名にとられたアロイス・アルツハイマー（1864～1915）が医長をつとめていた。ところが、健全な市民道徳を信奉するクレペリンと意見が合わずに、オットーはわずか数ヵ月で辞職してしまう。

そのような異色の経歴を有する人物と結婚したのが、エルゼの女学校時代からの親友フリーダ・シュロッファー・グロースであり、その夫オットーの思想の理解者であった。こうした時期に、エルゼはオットー・グロースと邂逅したのだ。

しかも、あろうことか、彼女はこの1907年3月から8月までの半年間、親友の夫であるオットーの愛人となって、同年12月24日、彼が父親の男児を夫エドガーの子として出産した。代父《だいふ》はマックス・ヴェーバーである。この息子は親友フリーダの長男と同名の「ペーター」と名づけられた。親友どうしの2人の母は異母兄弟となる2人の「ペーター」をたがいにひとしく愛した。

さらに、この時期にエルゼの妹で既婚者であったフリーダもミュンヒェンに姉を訪れて、オットー・グロースと邂逅した。その結果、驚愕すべきことに、同時期に姉妹ともにグロースの愛人となったのである。

## 母権制の思想

マーティン・グリーンの１９７４年と１９８６年の著作と、精神科医エマヌエル・フルヴィッツの１９７９年の研究書でなされたオットー・グロースの再発見と再評価ののち、20世紀末にようやく、その主要な論文や著述を収録した著作集が刊行された。そして、ベルリンでオットー・グロース協会が設立され、21世紀になってからはとりわけ、この複雑な人物の思想と著作群が再び着目されている。

ミュンヒェンのシュヴァービングに集結した芸術家たちのなかに、ルートヴィヒ・クラーゲス（１８７２〜１９５６、彼は後述するレヴェントロー伯爵夫人の愛人であった）、アルフレート・シューラー（１８６５〜１９２３）、カール・ヴォルフスケール（１８６９〜１９４８）といった在野の学者たちを中心とした宇宙論派（Kosmikerkreis, Kosmiker）と呼ばれるグループがいた。

クラーゲスが１９００年に再発見して信奉したのは、「母権制」の思想である。スイスのバーゼル大学ローマ法教授であったヨハン・ヤーコプ・バッハオーフェン（１８１５〜87）が『母権制』（１８６１年）で提唱したもので、先史時代には権力、宗教、家庭などにおいて、女性が男性よりも優位にある「母権制」の文明があったとする思想である。

１８４２年にイタリアを旅した際に、古代墓碑の装飾と死者崇拝から看取したとされるが、バッハオーフェンがその著作を上梓した当時は関心を集めることはなかった。それを宇宙論派たちは、キリスト教とユダヤ教に立脚するゆえに父権制的とみなした当時のヨーロッパの政治、社会、文化に対抗する思想として再解釈し、援用したのだ。

たとえば、この考えを踏まえるとマンフレート・フォン・リヒトホーフェンの家庭は、父親よりも母親が君臨しており、彼にとって結びつきが深い唯一の女性が母クニグンデであったために、彼は「母権制」の実践者であったといえるかもしれない。この「母権制」をオットー・グロースもまた支持した。その父ハンスとの深刻な対立ゆえである。

対立が昂じた1913年11月に、オットーは当時滞在していたベルリンで警察に逮捕されて、オーストリアのドナウ河畔の町トゥルンの精神病院へと収容されてしまう。なんと、それは父ハンスの指示によって、国家の医療機関に所属する医師2名がオットーを精神病患者として承認したからだった。

そのうえ、フリーダとオットーの子であるペーターを自身の唯一の相続人として法律で確保し（オットーには子が多くいたからである）、さらにはフリーダの母親の権利を略取しようとする方策も講じていた。犯罪学教授ハンス・グロースの父権制的横暴であった。とはいえ、1914年1月下旬にトゥルンからシュレージエンのトロッパウ（チェコ語でオパヴァ）精神病院に移送されていたオットー・グロースは、さまざまな方面からの抗議運動の結果、1914年7月にようやく解放される。

「犯罪学の父」とされるハンス・グロースの著作『予審判事便覧』（1893年）は1913年の時点で5版を重ねて、ヨーロッパ各国語で翻訳された。たとえば、ベルギー人推理作家ジョルジュ・シムノン（1903〜89）のジュール・メグレ警部シリーズでも、メグレがハンスのこの著作をひもといている。

若き警察署書記メグレが「〔……〕発行されたばかりの小冊子、／『幹部警察官並ビニ刑事官ノタメノ必携提要（問答形式）』／にかがみ込んで」（『メグレの初捜査』萩野弘巳訳）と、推理小説のリアリズムを高める小道具として描写されるほどの犯罪学の基本図書であった。

ところで、グロース親子と関連が深く、オットーと同様に父親に対して父権制の脅威を感じていたのが、プラハのユダヤ人作家フランツ・カフカ（1883〜1924）である。

漂泊のオットー・グロースは第一次大戦中の1917年にプラハの文学サークルに出入りするようになるのだが、同年7月にカフカはブダペストからウィーンにむかう列車内でグロースと邂逅する。彼はグロースの精神分析学についてのエッセイを読んでいた。

同年7月23日、のちに早世したカフカの紹介者として知られる文学者マックス・ブロート（1884〜1968）の自宅へ、オットー・グロースが企画した雑誌『権力への意志の撲滅』(Blätter zur Bekämpfung des Machtwillens) に関する会合のために、プラハの文学同人たちが集まった。グロース、カフカのほか、作家フランツ・ヴェルフェル（1890〜1945）、音楽家アドルフ・シュライバー（1881〜1920）などである。

一方で、カフカはプラハ大学で法律を学んでいた時期、3ゼメスターにわたって、ハンス・グロースの講義を聴いていた。カフカ研究者ハルトムート・ビンダー『カフカ・ハンドブック第1巻』(1979年)によると、1913年11月に父親ハンスが画策したオットー逮捕の事件は、カフカの『審判』の物語に影響を与えているという。

カフカは『審判』の構想を1914年7月に開始し、翌8月から1915年1月まで断続的に執筆しているが、その構想時期は、移送されていたトロッパウの施設からオットー・グロースが最終的に放免された1914年7月8日と重なるからだ。ある朝、突然逮捕された主人公ヨーゼフ・Kが身に覚えのないまま、予審判事や弁護士と交渉するうちに、いつの間にか処刑判決が決定していて、ついに処刑されるという物語はたしかに、オットー・グロースの逮捕事件を想起させるものである。

## 自由恋愛と無政府主義

くわえて、オットー・グロースを特徴づけるのは、「エロス論」と称される、いわゆる自由恋愛の思想である。

彼の師である精神分析学の創始者ジークムント・フロイト(1856～1939)は、無意識に抑圧された性が神経症などの精神疾患の病理であると規定したが、グロースはそれを個々人の症例とみなさずに、社会による個人の抑圧が原因だと分析した。

「理念的な要因がまさしく特別に重要かつ病原的な意味にいたるのは、まずもって性という最大の領域である。当然ながら、これは女性の場合にとりわけ該当する。女性は性的な領域で、男性よりもはるかに多くの対立する要因に影響されるからである。かくして、女性のヒステリー罹患率の高さは女性であることではなく、一般的な性道徳の理念の内容が原因であることも、理解できるだろう」(『全体の個人への作用』1913年)。

『文化の危機を克服するために』(1913年)においても、「性は、無限につづく内的葛藤の全般的主題である。それは自分自身との葛藤ではなく、性的モラルという対象との葛藤である」と述べる精神分析医グロースには、女性の精神疾患の原因は抑圧された性道徳や女性を抑圧する社会規範そのものであって、女性をそれらから解放することが「治療行為」となる。

さらに、このような市民社会の規範の変革を訴える社会変革者として、グロースは無政府主義者(アナーキスト)でもあった。無政府主義の文筆家エーリヒ・ミューザム(1878~1934)とアスコーナで知りあったのは、グロースが最初におとずれた1905年ごろとされている。ミューザムはナチス政権誕生直後の1933年に逮捕されて、翌年7月にオラーニエンブルク強制収容所で殺害された人物だ。

ちなみに、デヴィッド・クローネンバーグ監督の映画『危険なメソッド』(A Dangerous Method, 2011年)は、フロイトとユング、さらに当初はユングの患者で、のちにその愛人となり、最終的には精神分析学者になったザビーナ・シュピールライン(1885~194

2）の人間関係を描いた歴史映画だが、これにはオットー・グロースも登場する。

フロイトの弟子グロースはユングの患者となるべく、ユングのブルクヘルツリ病院へやってくる。父親との対立と葛藤、性を抑圧する一夫一妻制の矛盾、女性患者の治療をめぐって自身の思想の正当性を主張する患者グロースに、精神科医ユングは幻惑されて、ついにザビーナを愛してしまうという物語が展開する。ヴァンサン・カッセル演じるグロースは、特異な容貌も類似しており、開放的な性を謳歌《おうか》し、反市民社会的な思想を独特の論理と口調で語る神経症・モルヒネ中毒患者といった人物像をうまく造型している。

グロースの自由恋愛の思想が受容される社会状況を伝えているのは、オーストリアのユダヤ系作家シュテファン・ツヴァイク（1881～1942）の回想録『昨日の世界』（1942年）である。1900年を境界として、ヨーロッパ社会の風俗や道徳が一変したことのほか、かつては女性がスポーツや遊びの際にズボンを着用することが犯罪行為と同義であり、淑女は「ズボン《ホーゼ》」という語でさえ口にできなかったという市民社会の厳格な規範を回想しながら、19世紀後半を以下のように特徴づけた。

「いわば弱い性と強い性との対立は、おたがいが要求する態度においても過度に強調されていて、男性は活発で騎士的で攻撃的である一方で、女性は臆病で内気で守勢であるといった、つまりは両者が対等ではなく、猟師と獲物の関係なのである。この外面的な態度が両極端に対立しているために、男女間でかき立てられる内面、すなわち性愛《エローティク》は強まらざるをえなかった。

こうして、心理を無視した隠匿と黙秘という方法のせいで、当時の社会はまさしくその目的とは正反対のもの〔性愛〕にいたったのである」

市民社会の規範に厳しく拘束される女性たちが解放される場が、社会的に強大な男性との性愛であったゆえに、オットー・グロースの自由恋愛の思想は、社会や結婚という道徳的束縛に苦しむ当時の女性たちを魅惑するものだったはずである。

だが一方で、現存の社会規範を遵守している女性にとっては、グロースの思想は一般的な夫婦関係や結婚生活といった市民道徳を紊乱《ぶんらん》させ、その存立を危うくする破壊的なものであっただろう。たとえば、マックス・ヴェーバーの妻マリアンネのように貞潔な女性にとっては。

### 弟アルフレートとの新たな関係

1907年4月下旬に妻フリーダとともにハイデルベルクに逗留したオットー・グロースが『社会科学・社会政治学論叢』に投稿した論文の掲載を、マックス・ヴェーバーが拒否したのは同年9月のことだが、グロースが父親の第3子ペーターを、エルゼがすでに妊娠していた時期であるのは偶然ではないと思われる。また、ハイデルベルクのヴェーバーのサロンに出入りする知識人夫婦たちにも、自由恋愛の思想が普及しつつあった時期である。

漂泊の芸術家や生活改革運動家が拠点としたアスコーナやシュヴァービングの象徴的存在であるグロースと、市民的秩序やアカデミズムを象徴するヴェーバーである。エルゼをめぐる2

人の知識人は、性質が正反対の男性だった。ちなみに、エルゼの夫はのちにグロース側の人間となって、ルートヴィヒ・クラーゲスと同様に、シュヴァービングでファニー・ツー・レヴェントロー伯爵夫人の愛人となる。

ところが、こうした存在であったはずのマックスの内面に変化が生じる。1909年は2月下旬にエルゼがエドガーを父とする第4子ハンス・フランツィスクスを産んだ年なのだが、その秋以降、マックスはエルゼに心を寄せていくのである。

1909年10月上旬に、ヴェーバー夫妻はアドリア海にのぞむ港町グリニャーノで、ヤッフェ夫妻と数日間を過ごすのだが、この際に、妻マリアンネは親友エルゼといるときの夫の変化を敏感に察知した。「彼は彼女を愛している！　友愛だけでなく、べつのもので、もっと情熱的に」と、日記に書き残さずにはいなかった。

しかし、この1909年末についにエルゼと深い関係になったのは、マックスでなかった。本書ではローター・フォン・リヒトホーフェン、フリードリヒ・ゲオルク・ユンガーに続き、偉大な兄の陰に隠れて、後世に知られることが少ない3人目の弟が登場する。文化社会学を確立した社会学者にして経済学者〔カール・ダーフィット・〕アルフレート・ヴェーバーである（図37）。長命を誇った彼には著作も多い。プラハ大学で教鞭をとったのち、1907年からハイデルベルク大学の国民経済学教授であったアルフレートは、兄とは学者としても、またエルゼとの関係でもライバルだった。そして、独身ということもあり、エルゼとの関係では優位に

図37　アルフレート・ヴェーバー

あった。

1910年にハイデルベルクで私講師だったエドガー・ヤッフェがようやくミュンヒェン商科大学の国民経済学の教職につくと、エルゼはミュンヒェンへ移住したが、ついに夫婦は別居した。彼女は子どもたちとミュンヒェン郊外のヴォルフラーツハウゼンに、エドガーはミュンヒェンとイルシェンハウゼンに住んだ。アルフレートは大学の仕事の合間をぬって、ヴォルフラーツハウゼン近郊のイッキングに別荘を借りて、ここからエルゼを訪《とぶら》うという逢瀬の方法をとった。

その一方で、エドガーはシュヴァービングのボヘミアンの仲間かつパトロンとなった。オットー・グロースの友人であったし、後述するファニー・ツー・レヴェントロー伯爵夫人の愛人になった。第一次世界大戦後には革命家となり、クルト・アイスナー（1867〜1919）を支持して、バイエルン革命後の1918年には、アイスナーが首相となった暫定政府の財務大臣となった。ところが、翌年2月下旬のアイスナー暗殺後に失脚、1920年6月からは深刻な鬱病を患い、翌年4月末に療養施設に入所し、最終的には肺炎で病死した。

## 3　アルフレート・ヴェーバーとともに

### 第一次世界大戦のさなかで

弟アルフレートとエルゼの関係は当然ながら、マックスを激怒させ、エルゼとは疎遠になった。一方で1912年8月に、マックスはミュンヒェンでリヒャルト・ワーグナーのオペラを妻マリアンネやピアニストのミーナ・トーブラーと観劇したのを契機に、ミーナと深い関係になっている（図38）。ミーナとは、妻マリアンネとエルゼも旧知の仲であった。2人の秘された関係は1919年まで持続した。

図38　ミーナ・トーブラー

また、マックスは1913年と14年の二度、アスコーナに滞在している。モンテ・ヴェリタで自然療法を受けるためであったが、その一方で、エルゼの親友でこの地で貧しく暮らすフリーダ・グロースの窮状を支援した。オットー・グロースを父とする長男ペーターの養育権を、祖父ハンス・グロースが合法的に奪取しようとしていたのだ。息子のオットーを廃嫡して、孫ペーターを自身の後継者に据えようとしていたハンスに対して、マックスは法的な援護を引き受けたのだった。このペーターは1930年代にハイデルベルク大学でカール・ヤスパースのもとで学ぶことになる。

1914年4月にマックスがハイデルベルクへ戻ってから数ヵ月後に、第一次世界大戦が勃発した。マックス・ヴェーバーもまた予備役として野戦病院に勤務した。エルゼも全国女性奉仕団（Nationaler Frauendienst）で1916年秋まで社会活動にいそしんだが、この活動中の1915年10月15日に、グロースが父親である最愛の次男ペーターをジフテリアで喪ってしまう。

1916年9月、エルゼは子どもたちとともに、ミュンヒェン郊外のプリンツ・ルートヴィヒスヘーエへ転居した時期だが、ひと月後、関係が途絶していたエルゼとマックス・ヴェーバーは再会した。翌1917年11月には、有名な講演『職業としての学問』をミュンヒェンのシュタイニケ書店の催事場でおこなっている。

1918年夏学期には、ヴェーバーはウィーン大学の教壇に返り咲いた。そして、ドイツと連合国との休戦協定が締結された同年11月11日ごろに、エルゼとマックスはついに関係をもった。とはいえ、エルゼにとっては、独身の弟アルフレートのほうが最優先であったことは、兄マックスの懊悩《おうのう》の種だった。

マリアンネに隠して、マックスはミュンヒェンでエルゼとの逢瀬を重ねたが、1919年6月にミュンヒェン大学国民経済学教授となってからは、10月にマリアンネとミュンヒェンに移住し、12月にシュヴァービング地区で新居をかまえた。エルゼとミーナに思いをはせる都市である一方で、オットー・グロースのことを想起させる地区である。

とはいえ、この1919年1月は女性が参政権を獲得した年であり、マリアンネはバーデン議会議員に選出されていたために、ミュンヒェンでの長期滞在はできなかった。自然に、エルゼとマックスのふたりの時間は増えた。

ちなみに、エルゼはマックスのことを「グラウリー」と呼んでいた。彼女の故郷メッツに伝わる「グラウリーの伝説」に登場するドラゴンの名で、ドイツ語の「恐ろしい」という意味の形容詞（Graulich）から取られている。グラウリーは毎晩、飛来して、メッツ市民を喰らっていたが、メッツの司教クレーメンスに退治されたという古代の伝説である。現代のメス市のいたるところに、この伝説に由来するドラゴンをかたどったモニュメントやモチーフが散見されるくらい、よく知られている。たしかに、ヴェーバーの鋭い眼光と険しい顔つきは竜を思わせるものがある。

## マックス・ヴェーバーの最期を看取る正妻と愛人

1920年6月上旬、マックス・ヴェーバーは高熱を出した。最初に医者を呼んだのはエルゼだった。発熱の原因は日本で「スペインかぜ」と呼ばれたインフルエンザだった。マリアンネとエルゼの片時も離れない看病の甲斐《かい》もなく、同年6月14日に稀代の学者は56歳で永眠する。

彼の死に先がけること4ヵ月前、同年2月11日にオットー・グロースはベルリンの路上に卒倒していたのを発見される。ベルリン近郊パンコーの病院に搬送されたが、2日後に死去、しかもあやまって、ユダヤ人墓地に埋葬されていた。エルゼをめぐるこの男性2人は身分、思想、生きかたすべてが異なっていたが、同年に世を去った。

ヴェーバーが晩年に著述していた『宗教社会学』第3部世界宗教の経済倫理「中間考察」後半では、独自の恋愛論や婚姻論が語られている。

「〔……〕したがって、なかでも婚姻関係に拘束されない性生活は、昔の農民にあったような単純かつ有機的な生活サイクルからいまや完全に抜け出した人間を、なおも生命すべての自然の根源へと結びつける唯一の絆であるように思われる」という一節はとりわけ、オットー・グロースの自由恋愛の思想を、人間の充溢した生活とはなにかという問題として昇華したかのように感じられる。ヴェーバーがミーナ・トーブラーやエルゼとの関係からたどりついた発想といえようか。

彼の病室では、マックスとエルゼの尋常ではない親密さに驚くマリアンネがエルゼを叱責するという愁嘆場も展開した。親友どうしの妻マリアンネと愛人エルゼが見守るなかで、マックス・ヴェーバーはどんな態度をとったのか。もはや古典といえる研究書『マックス・ヴェーバー　人と業績』（1964年）を上梓した哲学者・社会学者で、マックスの甥でもあるエードゥアルト・バウムガルテン（1898～1982）がその凄惨な顛末を個人蔵の未刊手記で伝えている。

マックス・ヴェーバーはその場に居合わせた看護婦にいった。「わたしはヤッフェ夫人と話したい。どうか彼女をつれてきてください」。すると、この看護婦はマリアンネをつれて戻ってきた。マックスは上半身を起こした。「わたしが呼んだのは、マリアンネではない、エルゼだ！」マリアンネはふりむいて、両手で顔をおおいながら、逃げるように、部屋から走り去った。まもなく、ベッドの前へ呼ばれたのはヤッフェ夫人だった。

マックス死去から約3ヵ月後に送った義弟アルフレート宛て書簡で、「わたしはときおり、自分がマックスにとってのほんとうの妻だったのかどうか、おぼつかなく思うのです」（1920年9月9日付）と、マリアンネは苦しい胸中を明かしている。

ところが、彼女は1926年に刊行した重厚な評伝『マックス・ヴェーバー伝』で夫の最期を大思想家にふさわしい描写のみで擱筆《かくひつ》した。「彼〔マックス〕はもはや、その苦しげな身体の主でも、雲におおわれた精神の主でもなかったが、その偉大さは彼のもとにあり、くわえて、優美さもユーモアもそなわっていた」、「彼は永遠の騎士像となった。それから、人を寄せつけない神秘のなかで、威厳を保ちつつ安らいでいる」。

夫亡きあとのマリアンネは1922年に再度ハイデルベルクの邸宅に戻った。同年、ハイデルベルク大学から名誉博士号を授与された。ヴェーバー夫妻が1910年に入居した邸宅「ファレンシュタイン・ヴィラ」は、現在、ハイデルベルク大学が所有する施設となっている。

この邸宅で、マリアンネはかつてマックスが開催していたサロンを日曜日に開催しつづけた。ナチス政権時代には、サロン参加者たちは会合を縮小して、きわめて慎重に継続した。戦後になると、彼らはハイデルベルク大学の再建と新しい教育に寄与していく。ヴェーバー夫妻に子はいなかったが、マックスの末妹《まつまい》が1920年に自殺したのちに、マリアンネはその4人の子どもを引きとった。1928年には正式に養子としている。1954年3月12日にマリアンネ・ヴェーバーは84歳の天寿を全うした。

## ナチス時代と第二次世界大戦

1920年にマックスを、翌年に夫エドガーを立てつづけに亡くしたのち、エルゼに寄りそったのは、はたしてアルフレートだった。数年間、ミュンヒェンに暮らしたのち、1925年7月上旬にアルフレートのいるハイデルベルクに戻ったが、同居することはなかった。1931年には2人とも同じ建物に入居したが、それぞれ別の住居で暮らした。

エルゼは依然としてアルフレートの詩神《ムーゼ》で、議論相手かつ助言者であり、また秘書でもあるという、彼の生活を支えつづける大切な存在だった。だが、1933年1月のナチス政権成立は2人の運命を激変させた。

それ以前から著作や講演でナチス台頭に警告を発していたアルフレートは、予定よりも早く大学を退職し、年金受給者となった。そしてハイデルベルクに遁世《とんせい》して、ナチスの抑圧に耐えながら、精神的抵抗を継続した。ナチスに入党し、御用法学者になったカール・シュミットや、アメリカに亡命したトーマス・マンとも異なる選択をしたのだ。

エルゼも同じく、ナチス政権を一貫して無条件に認めなかった。2人の息子、長男フリーデルと三男ハンスは、ユダヤ人の父エドガーの血を引くために、1934年5月にアメリカ亡命を余儀なくされた。

アメリカで、フリーデルは企業経営者として、ハンスは企業の研究者として出世をとげる。第二次世界大戦勃発前に二度、エルゼはアメリカへ旅行して、この兄弟のほか、当時はニューメキシコ州の高地タオスで暮らす妹フリーダを訪問している。そして、この2人の息子は大戦中・戦後のドイツ窮乏期に、ハイデルベルクに暮らす母エルゼをアメリカから支援した。

戦後、アルフレート・ヴェーバーはハイデルベルク大学に復職し、1958年の死去直前まで教鞭を執りつづける一方、民主的な思想の政治家としても活躍した。もちろん、その活動を支えたのはエルゼである。

### 晩年のエルゼ

38年間の共同生活を送ったアルフレート・ヴェーバーが90歳目前の1958年5月2日に、心不全と腎不全で死去したのちは、エルゼはひとりで暮らした。同年10月には84歳になった。

マックス・ヴェーバー生誕100周年となる1964年を祝うために、1962年にキャンペーンがはじまると、エルゼはアルフレートが兄マックスの陰に追いやられることを心配した。21世紀の現在、彼女の予感が正しかったように思われる。

マックス生誕100年をことほぐ1964年を通して、エルゼはマックスに関する講演を聴いて回ったが、「アルフレート・Wの名前が言及されないのがただただ痛ましいです」（1964年5月2日付エーリヒ・フォン・カーラー宛て書簡）と悲嘆した。

記念講演のなかで、エルゼがもっとも気に入ったのがカール・レーヴィットのものである。「少なくとも、彼〔レーヴィット〕は、マックスとならんで、アルフレートも存在したことに言及しました」（1964年6月27日付カーラー宛て書簡）というのがその理由だった。

この時期のエルゼには、長男フリーデルに発する曽孫《ひまご》が3人いた。

1964年10月8日には、エルゼ90歳の誕生日がプファルツ選帝侯博物館で盛大に祝われた。その正餐には多くの来訪者がいたが、マックスのかつての愛人ミーナ・トーブラーも姿をみせた。

エルゼは1966年10月に老人ホームに入居した。このとき、わずかに携行した書物はゲーテ、シラー、そしてマックス・ヴェーバーの著作だけだった。D・H・ロレンスとアルフレートのものは孫に送付した。

老人ホーム「ハウス・フィリップス」で、すでに4月に入居していたミーナと再会したが、彼女は全盲に近かった。エルゼはミーナの身のまわりの世話をやいて、朗読を聞かせたりもしたが、おそらく愛人マックスについても語りあったはずである。数ヵ月後の1967年1月にミーナは他界した。

最晩年のエルゼは体が不自由になっていたが、頭はしっかりしていて、マックス・ヴェーバーやクルト・アイスナーについて聞きに来る多くのインタビュアーの相手をした。1973年12月22日に99歳という高齢で、エルゼ・フォン・リヒトホーフェンは世を去った。

# 第4章 流浪と遍歴の果て――フリーダ

## 1 宿命の出会いまで

### D・H・ロレンスの妻

1956年8月11日にアメリカのニューメキシコ州中北部の高地にある町タオスで生涯を終えたフリーダ・ロレンス＝フォン・リヒトホーフェンを、マーティン・グリーンは「アスコーナ人」に、すなわち現スイスのティチーノ州マッジョーレ湖畔の小村アスコーナに生活改革運動家や反市民社会思想家たちが集結した共同体モンテ・ヴェリタの住人たちになぞらえて、「ともに暮らしたその18年間で、〔D・H・〕ロレンスはアスコーナの女性フリーダをそのほとんどすべての著作の中心に置いた」と述べている（図39、40）。

『集英社 世界文学大事典』第4巻所収の項目「D・H・ロレンス」には、フリーダとロレンスの邂逅を掲載しており、2人の運命の出会いとなった理由と状況をじつに簡潔に説明している。

図39　フリーダ・フォン・リヒトホーフェン

図40　D・H・ロレンス

翌〔19〕12年、教職を辞し、ノッティンガム大学の旧師アーネスト・ウィークリーを訪れる。その時初めて恩師の妻フリーダに会う。運命的な出会いであった。フリーダは14歳年上の謹厳な夫との生活のなかで、〈女〉の生命の流れを堰《せ》き止められ憔悴《しょうすい》していた。どこかに流れ出なければ、生きなければ、そうひそかに生命を希求していた彼女の前に、ロレンスが現れたのである。彼は彼でフロイトがエディプス・コンプレックスと名づけた母と息子の愛と、肉体を嫌悪するジェシーのプラトニックな観念的愛の捕囚であった。そのような不毛な愛の呪縛から脱出するためには、成熟した女との愛が必要であった。かくて2人の間に生命が交流する、彼らの愛は急速に深まっていった。時にロレンス26歳、フリーダは32歳、1男2女の母であった。

この続きには、1913年に出版されたロレンス第3の長編となる自伝的小説『息子と恋人』がその作家人生をゆるぎないものにしたとあり、以下のように解説している。『息子と恋人』という主人公の再生と新しい人生への出発を告げる物語を可能にしたのは、やはりフリーダとの出会いであった。以後、彼女との愛の葛藤の姿がロレンス文学の根底に横たわる原風景となり続ける」。

自伝『私ではなくて 風が…』（1934年）で、この長編小説に関してはロレンスとともに悩みながら一部を書いたと述べて、「思うに、男性は二度生まれます。一度は母親から、つぎは彼を愛する女性から」と、彼の再生をフリーダみずから表現した。

ロベルト・ルーカスによる伝記『フリーダ・フォン・リヒトホーフェン〈チャタレー夫人〉の詩人D・H・ロレンスとの生涯』（1972年）が日本で1981年に出版されたときには、『チャタレー夫人の原像　D・H・ロレンスとその妻フリーダ』という邦題が付されたほどに、ロレンスの作品群に強烈なインスピレーションを与えたフリーダこそは、前章でその生涯を記したエルゼ・ヤッフェ＝フォン・リヒトホーフェンの妹である。

## イギリス人言語学者との結婚

キルステン・ユングリングとブリギッテ・ロースベックが1998年に刊行した伝記の表現を借りると、フリーダは「非常に感じのよい少女」であり、「野性的だが反抗的ではなく、聡明だが知性偏重ではなく、身分意識が強いが高慢ではなかった」。

姉や妹と同じく、17歳のときに寄宿学校で送った1年間をのぞけば、故郷のメッツで18歳まですっと過ごしている。16歳のときの初恋の相手は、シュレージエン出身の遠縁の士官候補生クルト・フォン・リヒトホーフェン（1874〜1937）、つぎの相手はカール・フォン・マルバール中尉で、真剣な交際ではあったが、当時の将校には高級な生活水準が要求されたために、家が貧しいフリーダは花嫁候補とはならなかった。

フリーダのこうした恋愛事情は、故郷メッツという要塞都市が要因の一端をなしている。普仏戦争後にドイツ領となった要衝のメッツは多くのドイツ人が移住し、軍人たちであふれていた。1905年の記録では2万5000人のドイツ兵が駐屯していた。

エルゼがベルリン学生時代に寓居していた外交官オスヴァルト・フォン・リヒトホーフェンのもとに、フリーダと妹ヌーシュがともに滞在して、ベルリンの社交界に顔を出していた時期がある。このとき、2人が皇帝ヴィルヘルム2世の眼にとまって、素性を調べさせたという逸話は、フリーダと妹の容姿が幼少期から人目を惹いたことを語るものである。

そして、エルゼが学び、フリーダと末妹ヌーシュも学んだのは、フライブルク近郊の小村リッテンヴァイラーでブラース姉妹が運営する寄宿学校である。リヒトホーフェン3姉妹にとって、定期的に夏の数週間を休暇としてこの姉妹のもとで過ごしたのは、彼女たちがもともと母親アンナの知人でもあるという間柄だったからだ。

1898年7月、この地に滞在中だった美貌のフリーダをみそめたのが、フライブルク大学の英語講師をしていたイギリス人言語学者アーネスト・ウィークリー（1865～1954）である。下層中流階級の出身だが、ベルン大学、ケンブリッジ大学、ソルボンヌ大学でそれぞれドイツ語、中世英語、フランス語を学び、大言語学者フリードリヒ・クルーゲ（1856～1926）の弟子でもあった。長年の研究活動が認められた結果、同年初頭には現在のノッティンガム大学の前身ノッティンガム・ユニヴァーシティ・カレッジの近代言語学教授としての招聘が決定していた。

18歳のフリーダはアーネストの求愛を受け入れた。結婚式は1899年8月29日にフライブルクで挙行された。このとき、夫アーネストは34歳、フリーダよりも14歳も年長であった。姉エルゼののちの結婚相手と同様に、学者である。かくして、ウィークリー姓となった男爵令嬢はドイツを離れて、夫アーネストとともに渡英した。

グレートブリテン島中心部の都市ノッティンガムで、フリーダは英国流の日常的慣習を遵守するとともに、大学教授の妻にふさわしい生きかたを求められた。のちにロレンスを怒らせる結果となるのだが、12年間の結婚生活を過ごしても、簡単な台所仕事もできないような若妻の暮らしぶりであった。

ウィークリー夫婦は子どもには恵まれた。1900年6月にはモンティと呼ばれた長男チャールズ・モンタギュー（1900～82）、1902年9月に長女エルザ・アグネス（1902～85）、1904年10月にバービィと呼ばれた次女バーバラ・ジョーイ（1904～98）が生まれた。

その一方で、フリーダは最初の不貞をおかした。相手はレース生地工場主のウィリアム・ドーソン（1864～1934）で、その妻は女性参政権論者だった。彼は当時まだ目新しかった自動車を所有しており、フリーダを、ロビン・フッドが住んでいたといわれるシャーウッドの森へのドライブに誘った。夫アーネストがまったく知らなかった情事であり、フリーダからしても、最初の浮気相手という以外の意味はなかったようである。

ところが1907年4月、フリーダにとっても刺激的な大都市ミュンヒェン＝シュヴァービング滞在中の姉夫婦を訪ねた際に、姉の年来の友人で同名のフリーダ・シュロッファーの夫だった精神分析医オットー・グロースと出会ってしまう。姉夫婦がこの2人のもとに逗留していたからだった。

しかも、前章で既述したとおり、姉エルゼと同時期に、ノッティンガム大学教授の妻フリーダ・ウィークリーはこの男の情人になってしまったのだ。

## フリーダとロレンスが再構成するオットー・グロース像

オットー・グロースと出会った意味について、フリーダはグロースが彼女を解放した人物であるということを自伝で回想している。「少し前に、わたしはフロイトの優秀な弟子と知りあって、よくわからない理論で頭がいっぱいでした。この友人のおかげで非常に多くのことを知りました。それまでは、夢遊病者のように慣習的な生活を送っていたのですが、彼がほんとうのわたしという意識を目覚めさせてくれたのです」。

ロレンスはグロースと会ったことはないが、フリーダを介して知っていた。その精神分析学批評『精神分析と無意識』（1921年）の冒頭、ロレンスはコンプレックスという用語の説明で「いまは忘れられてしまったが、分析家の先達にして才気縦横であった1人が教えたような」（小川和夫訳）と記しているが、この人物こそはオットー・グロースにちがいない。

1920年から21年に書かれたとされる長編『ミスター・ヌーン』は、ロレンスのモデル小説（実話小説とも。実在の人物、状況にモデルを読み取れる小説のことで、独語でシュリュッセルロマーン、仏語でロマン・ア・クレといい、ともに「鍵小説」の意）においても、ことに異色である。断片の第1部がロレンス死後の1934年に出版されたものの、残りの原稿は破棄されたと考えられていたが、突如1972年に後半部分の原稿が競売に付された結果、ようやく第2部の内容が判明した。

特徴的なのは、第2部では主人公ギルバート・ヌーンはロレンス本人として描かれていて、彼が渡独して知りあう登場人物たちがリヒトホーフェン家を中心にした実在の人物となっていることだ。集英社版邦訳（1985年）の巻末では、人物関係図が実名対照表にもなっている。たとえばアルフレート・クラーマー教授は年収が20万マルクと作品内で描写されているが、そのモデルはエルゼの夫の経済学者エドガー・ヤッフェである。

この作品で、とりわけギルバート（ロレンス）に、ヨハンナ（フリーダ）がエーバーハルト（グロース）のことを熱狂的に語る場面は感動的である。

「いいえ、ほんの2年まえまで。最初はルイーゼ〔エルゼ〕の恋人だったわ。ほんとうよ、わたしを解放してくれたのはあの人なの。わたしは月並みな妻で、ただ箱入りにされて頭がおかしくなりかけていた。でも、彼はすてきだった、エーバーハルト〔グロース〕は。ああ、ほんとうに好きだった」

「それでは、いまは？」

「ぜんぜん！　夫とうまくいかないのは、わかっていたけど。〔……〕あの人はすばらしい恋人だった。でも、彼ともうまくいかなかったわ。眠らせてくれないの、あの人はしゃべりつづけて。〔……〕」

「精神分析医ですか、その人は」

「そう、たぶんね！　薬を飲んでいたけど、それでも眠れないのよ。〔……〕こっちの気がおかしくなりそうだったの。わたし、きっといまもおかしいのね。あの人がはじめての恋人。4年まえのことよ」

「……」

「ああ、彼は天才だった、愛の天才。なんでもわかっていたの。そして、人を解放してくれるのよ。最初の精神分析医みたいな人で、彼もウィーン生まれだったし〔グロースはグラーツ出身ゆえに、事実と異なる〕、フロイトよりはずっと頭がよかったんじゃないかしら？　でもね、エーバーハルトは精神的《スピリチュアル》だった、悪魔的《デモニアカル》だったかもしれないけど、精神的な人だったわ。〔……〕」

フリーダにとって、オットー・グロースはこのような特別な人間だった。そして彼にとっても、フリーダがそうだった。

現存するグロースのフリーダ宛て書簡の最初のものは、「きみが存在していることに感謝しています」という冒頭の一文からはじまるのだが、その書簡でフリーダのことを「現今、貞潔道徳、キリスト教、民主主義から自由で、さらにすべての堆積した汚物から、独力で自由だった唯一の人間」だと定義している。

短期間ではあっても、おたがいの感性と思想が完全一致したような2人だったのだ。フリーダはイギリスに帰国した際に、変化に気づいた娘の1人から、「あなたはわたしたちの以前のお母さんと同じ人よ、でも、出発前のお母さんじゃない」といわれている。

### ファニー・ツー・レヴェントロー伯爵夫人

ここで、「シュヴァービング伯爵夫人」と呼ばれたファニーこと、フランチスカ・ツー・レヴェントロー伯爵夫人（1871〜1918）について触れておきたい。ミュンヒェン・シュヴァービングの象徴的な女性で、エルゼやフリーダ姉妹のように自由に生きた「アスコーナ人」の1人だった。

ドイツ北部の沿岸都市フーズムの伯爵家に生まれたファニーは、1893年に画家をめざしてミュンヒェンに移住、スロベニア出身の画家アントン・アズベ（1862〜1905）の美術学校で学ぶ。翌年にアズベと結婚するも、1895年に別居、2年後には離婚し、同1897年9月に私生児ロルフを出産する。彼女は生前、その父親の名を周囲に明かすことはなかった。

ファニーは文筆、女優、サーカス芸人にくわえて、娼婦などのさまざまな仕事で生計をまかなった。このミュンヒェン時代の経験をモデル小説で描いたのが、『エレン・オレスチェルネ』（1903年）、『ダーメ氏の手記』（1913年）、『金銭コンプレックス』（1916年）などである。

ルートヴィヒ・クラーゲス、カール・ヴォルフスケールなどの彼女の愛人たちが属する宇宙論派や、詩人シュテファン・ゲオルゲ（１８６８〜１９３３）を中心とした、いわゆるゲオルゲ派《クライス》とともに、無政府主義者エーリヒ・ミューザム、詩人ライナー・マリーア・リルケ（１８７５〜１９２６）といったシュヴァービングのボヘミアンたちの群像を、人物名を変更して描出した。前述のとおり、ファニーの愛人の１人がエルゼの夫エドガー・ヤッフェだった。

愛人のクラーゲスがファニーを「異教の聖女」と呼んだことは、いわゆるキリスト教的な市民社会の道徳とは異なる生きかたを貫徹して、異教に由来する母権制思想の傾向があった彼女の性質をよく表現している。

１９１０年10月にミュンヒェンを離れて以降、ファニーはアスコーナに居を移し、文筆を継続して、シュヴァービングが舞台のモデル小説を書いた。翌年には、バルト海沿岸クールラント出身のアレクサンダー・フォン・レッヒェンベルク＝リンテン男爵（１８６８〜１９１３）を本人が望まぬ結婚から逃れさせるために、この貴族と一種の偽装結婚まで行った。

ファニーもまた、フリーダ・グロースとならんで、アスコーナでマックス・ヴェーバーが法的に支援した女性である。第一次世界大戦勃発時に、彼女の息子が兵役免除となるように、書類出願を援助したのだ。

ところで、興味深いのは、エルゼや2人のフリーダと異なって、ファニー・ツー・レヴェントローが友人オットー・グロースやその精神分析に関心をいだかずに、むしろ否定的だったことである。たとえば『金銭コンプレックス』では、グロースがモデルである精神分析医バウマン博士が登場する。

「それから、彼〔バウマン博士〕に自分のこれまでの人生について語らなければならなかったが、またもや、それを聞いた彼を落胆させた。というのも、正常でないこと、精神病的なこと、神経症的なことや、それらすべてがなにを意味しているのかを、彼はわたしに一貫して実証できなかったからである」

バウマン博士のこうした「治療」に対する不審とともに、「魂《プシュケ》を分析するというものの、われわれがかつて学校で文法を分析したのと同様に、それがなにに対して有効なのかをこれまで把握したことがない」という記述には、ファニーが感じた精神分析への疑念が表出していると思われる。

1918年7月下旬、ファニーはアスコーナの隣村ロカルノで波乱の生涯を47歳で終えた。

## エルンスト・フリック

さて、この時期のフリーダには、もう1人の愛人がいた。スイス人画家で無政府主義者のエルンスト・フリック（1881～1956）である。1907年に肺病の治療のためにアスコーナをおとずれて、芸術家や無政府主義者と交流したフリックは、オットーの友人かつ弟子となった。

1907年にロシア人無政府主義者を解放するために、フリックはチューリヒの州警察を爆弾で襲撃するという事件や、翌年の路面電車脱線事故にも関与した。彼自身が大した役割を演じたわけでもなかったが、意図的に事実と反対の偽証をしたために、フリックには１９１２年、１年間の禁固刑という判決が下された。

１９０９年からこのフリックがアスコーナで同棲をはじめたのは、オットーの妻フリーダ・グロース＝シュロッファーであった。グロースは自由恋愛の思想を妻にも実践させたし、フリックもまた同様に実践したからである。フリックはフリーダ・グロースとの間に３人の子どもをもうけた。

しかも、１９１０年ごろには、奇しくも同名のフリーダ・ウィークリー＝フォン・リヒトホーフェンはフリックと恋愛関係にあった。フリックのほうもまた、ノッティンガムでフリーダの自宅の近くに数ヵ月滞在し、逢瀬を重ねた時期もあった。

１９１４年に、オットーの父ハンスがフリーダ・グロースからペーターの親権を略取するために法的告発をおこなった際に、エルゼをつうじてフリーダを知っていたマックス・ヴェーバーはアスコーナまで治療ついでにおもむいて、フリーダの弁護側に立ったことは前章で述べたとおりだが、この時期、肝心のフリックは禁固刑で収監されていた。

１９２０年ごろには、エルンスト・フリックはフリーダとの関係を解消して、写真家のマルガレータ・マリアンネ・フェレラー（１８８５～１９６１）と、やはりアスコーナで暮らした。フリーダ・グロースが１９５０年に、フリックが１９５６年に死去したのちに、母がエルゼでジフテリアが原因で早世したペーターとは異母兄弟にあたるペーター・ヴォルフガングもふくめて、フリーダの子どもを4人とも引き取って同居したのは、このフェレラーである。

フリーダ・ウィークリーにとって、フリックはグロースと同種の男性であった。ロレンスとともにノッティンガムを離れるとき、フリーダはロレンスに、「あなたは第2のオットー・グロース、第2のエルンスト・フリックだ」と述べたという。

ノッティンガム大学のロレンス研究者ジョン・ワーゼンが2005年に上梓した評伝『作家ロレンスは、こう生きた』では、グロースとフリックは「とんでもない人間」で、前者が「妻帯者で薬物嗜好者、あまつさえ自分のところに来た患者に関係を迫るような男」、後者が「画家でアナーキスト」(中林正身訳)だったと、わずかに否定的に言及するのみだが、それは現代的視点からのみの一面的な評価のように思われる。

というのも、20世紀初期から第一次世界大戦前後のヨーロッパでは、「革命」や「無政府主義」の思想と意義、それを実行しようとする革命家や無政府主義者のありかたは、第二次世界大戦や冷戦、2001年9月のアメリカ同時多発テロを経験した100年後の現在のわれわれが知るものとはまったく異なっていたはずだからだ。

第一次世界大戦中の1917年2月と10月にはロシアでじっさいに革命が勃発し、ロマノフ王朝が滅亡したのにくわえて、大戦末期のドイツでも各地で革命が拡大して、皇帝ヴィルヘルム2世はオランダに亡命し、ドイツ帝国も終焉をむかえた。彼らは、歴史の沸点ともいうべき政治・社会制度の大転換期を惹起し、見届けた同時代人だったのである。

さらには、フリックとグロースも無政府主義者だったが、後者がなぜ母権制支持者かつ無政府主義者であったかや、その精神分析学理論から導き出された自由恋愛の思想「エロス論」が旧弊な道徳に拘束された父権制社会の変革をめざしていたという事実が考慮から欠落していると、グロースの人物観を正当に判断できないはずである。とはいえ、グロースが現実の地盤のうえに立っていなかったのを彼女はわかっていたという、『フリーダ・ロレンス　回想と書簡』編者E・W・テドロック・ジュニアの指摘は正しかっただろう。だからこそ、フリーダはグロースと関係をもっても、家庭を捨てはしなかったのだ。

だが、ついに、そのときはやってくる。ドイツでの教職紹介を依頼するために、D・H・ロレンスがノッティンガムの恩師アーネスト・ウィークリーの自宅を訪問したのは、1912年3月初頭とされている。

## 2　D・H・ロレンスと世界を流浪する

### フリーダと出会うまでのロレンス

デーヴィッド・ハーバート・〔リチャーズ・〕ロレンスは、1885年9月11日、英国ノッティンガム州のイーストウッドで誕生した。だが、父は炭鉱労働者、母は中産階級出身の清教徒という異なる階級間の結婚であったために、家庭内では両親の対立が絶えなかったが、ロレンスも同様に、貴族階級出身のフリーダと身分ちがいの結婚をおこなう運命にあった。

優秀だったロレンスは、炭鉱労働者の子どもとしては異例だが、奨学金で通ったノッティンガム・ハイスクールを卒業すると、医療器具メーカーに就職した。肺炎のために3ヵ月で退職したのちは、イーストウッドの小学校の助教員となった。4年間の勤務を終えて、ノッティンガム・ユニヴァーシティ・カレッジに入学したのは1906年、ロレンス21歳のときである。

この大学でロレンスが知遇を得たのは、現代語学教授のアーネスト・ウィークリーである。この時期、妻帯者だった彼の妻がフリーダ・フォン・リヒトホーフェンであるのは言うまでもない。ロレンスにとって、のちに取り返しのつかない裏切りをおかしてしまう恩師となる。

1908年6月に、ロレンスは教員免許状を取得し、大学を卒業したのち、10月からロンドン郊外クロイドンの小学校教員となった。重い肺炎がもとで退職するまでの3年間、勤務している。だが、教師人生を送る一方で、彼は文筆活動にいそしんでいた。すでに大学在学中の1907年、地方新聞の懸賞小説に3本の短編小説を応募、1本が当選し、紙上に掲載されていた彼は、小学校教師のかたわら、作家として最初の長編小説『白孔雀』を書きはじめていた。

1911年1月に出版されたこの小説には、ロレンスののちの作品の特徴がすべて包含されていたといえる。まずは自伝的モデル小説であること、つぎに知性主義的な現代文明に対して批判的であること、さらに出版社の要請で原稿の一部を変更させられたことである。

最後の点に関して補足したいのは、作品中での彼の思想や意図が頻繁に誤解または曲解される傾向があることだ。『虹』（1915年）が出版後2ヵ月で「猥褻《わいせつ》」という理由で発売禁止になったり、『チャタレー夫人の恋人』（1928年）をイタリアのフィレンツェの書店から予約販売のみで出版しなければならなかったり、翌年1月にはこの長編原稿が詩集『三色すみれ』の原稿とともにロンドン警視庁に押収されたほか、ロンドンでの個展では警察がロレンスの絵画13点と画集4冊を押収するといった未来を暗示するものだったろう。

フリーダと出会うまでのロレンスの女性関係については、各種の評伝をひもとくと、かなり詳細に（肉体関係があった愛人もふくめて）複数の女性の名が列挙されている。そのうち、2人の女性がとりわけ重要と思われる。

ハイスクール時代の終わりに、農場を経営するチェンバーズ家と家族ぐるみの交流がはじまるが、2歳年下の次女ジェシー（1887〜1944）とは、ある時期は婚約するほどの関係となり、たがいに文学を読み、語りあう仲だった。本章冒頭で引用した『集英社 世界文学大事典』ロレンスの項目で「肉体を嫌悪するジェシー」と言及されている女性である。彼女は『息子と恋人』（1913年）に登場するミリアムのモデルだといわれている。このジェシーが文芸誌『イングリッシュ・レヴュー』にロレンスの詩を送付した結果、掲載にいたったのであり、いわば、ロレンスを文壇に送り出した女性なのだ。

もう1人は、同様にノッティンガム大学で学び、レスター州で小学校教員をしていたルイ・

バロウズ（１８８８〜１９６２）で、ロレンスは教員養成所で知りあった。共同で短編小説を書いたこともある。１９１０年12月に母親リディアが病死すると、その喪失を補塡するかのように、ロレンスが婚約した女性である。ところが、その後に重い肺炎を患ったことと作家としての自由を求めて、１９１２年２月にロレンスは婚約を解消した。恩師の自宅で妻フリーダと邂逅するひと月まえのことだった。

ルイ・バロウズのほうはロレンスを追慕しつづけた。フランス南部のヴァンスにあったロレンスの墓を二度訪れており、婚約していたロレンスが送った書簡約１７０通を大事に保管していて、生涯だれにもみせることはなかった。

### ２人の邂逅

「あの当時、自分がそれほど愛すべき女性であったとは、まず思えません。わたしは31歳〔正しくは32歳〕で、３人の子どもがいました。結婚生活は幸せなようでした」と、フリーダはロレンスと出会ったときの自分を回想している。

書簡集の注では１９１２年３月20日とされる日のこと、昼食に招待されていたロレンスは、ノッティンガムの閑静な住宅地カウリー（現ヒルクレスト）にある恩師の自宅を訪問した。ウィークリー教授はまだ帰宅していなかった。２人がともに過ごした時間は30分ほどである。

フリーダ自身によるロレンスの印象は、「ほっそりとした長身、元気でまっすぐな両足、軽快で安定した身のこなし。目立たない外見でしたが、わたしの気を惹きつけました。最初にみたときよりも、多くのものがありました。なんて変わった人なのだろう」というものだった。ロレンスの感想は、「あなたはイギリス全土で最高にすばらしい女性です」というわずか1行のみで、彼がフリーダに送った書簡（出会った日に書かれたとされる）に記されている。

2人はその後もたびたび週末に逢瀬を重ねたが、けっして恩師の留守中に宿泊はしなかった。そして、連れだってイギリスを去る日がやってきた。フリーダの父親フリードリヒ・フォン・リヒトホーフェンのドイツ軍入隊50周年記念祝賀会が開催されることになっているのは同年5月4日、この日に故郷メッツに到着できるように、フリーダは前日3日にノッティンガムを去って、ロンドンでロレンスと落ちあい、ともに汽船でイギリス海峡をわたった。2人の最初の出会いから約ひと月半後のことである。

ちなみに、フリーダとロレンスが出会ったとき、彼女の夫アーネストは47歳だった。「駆け出し作家の若い教え子に妻を寝取られた、さえない大学教授」と思われるかもしれないが、アーネスト・ウィークリーはフリーダを失ったのちは生涯独身で、3人の子どもを育てあげた。くわえて、彼は多くの語源学研究書を上梓している。なかでも名著の誉れが高い『ことばのロマンス　英語の起源』（1912年）は、邦訳が岩波文庫に収録されており、語源学を専門とする著名な言語学者であったことは明記しておこう。元妻を許すことのないまま、ウィークリーは1954年5月7日に89歳で死去したが、その机の引き出しには、結婚当時のフリーダの写真数枚が残されていた。

かくして、フリーダと出奔して以来18年間におよぶ、ヨーロッパのみならず、オーストラリア、アメリカまで世界中を遍歴するロレンスの作家人生の幕は切って落とされたのである。

## 2人のヨーロッパ

とはいえ、ロレンスとフリーダの終着地が存在しない逃避行は、最初の目的地ドイツの要塞都市メッツから波瀾万丈《はらんばんじょう》だった。1912年5月4日早朝にメッツに到着したフリーダは、この週末に姉エルゼと妹ヌーシュにロレンスを会わせると、2人はこの恋の味方になってくれた。ところが、父親フリードリヒにロレンスを紹介する以前に、イギリス人ロレンスは警察にスパイ容疑で逮捕されてしまう。

娘の安定した結婚生活を破壊し、自身の記念祝賀会も台無しにした間男ロレンスを解放するために、老男爵は周旋しなければならなかった。釈放されたロレンスはメッツ退去を余儀なくされたが、出発前にロレンスはフリーダの父フリードリヒと対面した。このときの状況は、後年の『チャタレー夫人の恋人』で、主人公コニーの父親と、娘の愛人になった森番オリヴァー・メラーズがにらみあう場面に反映されている。

トリーア、ヴァルトブレール滞在後の5月にミュンヒェン南方の村ボイアーベルクで再会をはたすと、2人はその隣村イッキングにあるアルフレート・ヴェーバーが借りていた別荘に住まわせてもらった。この時期のエルゼは、夫エドガー・ヤッフェと別居、アルフレートを愛人にして、ミュンヒェン近郊のヴォルフラーツハウゼンで子どもたちと暮らしていた。

2人にとって、このミュンヒェン近郊での滞在で初めて味わった実質的な新婚生活だったが、炭鉱労働者の息子と貴族の娘という生活習慣の相異やそれから生じる諍《いさか》いも体験している。だが、この年8月からは、ロレンス夫婦はやはり連れだって、徒歩でブレンナー峠を抜けて、アルプスを踏破するイタリア旅行に旅立つ。

そして、フリーダとアーネスト・ウィークリーの離婚が成立したのは、彼女がノッティンガムの自宅を逐電してから約2年後の1914年5月であった。これを受けて、フリーダとロレンスがロンドンで正式に結婚の届け出をしたのは同年7月13日。オーストリアがセルビアに宣戦布告する15日前のことである。

### マンフレートとフリーダが出会った可能性に関する研究

第一次世界大戦中の1915年12月から1917年10月まで、ロレンスとフリーダはイギリス南西端のコーンウォールに逗留していた。ルーカスの評伝では、「イギリスの新聞が伝えるマンフレート・フォン・リヒトホーフェンの空戦での連戦連勝の報を、フリーダは誇りに思った」とある。

フリーダがアーネスト・ウィークリーとの結婚後に渡英したときは、彼女自身は滞在経験のないシュレージエンにいたマンフレートは7歳児だった。そして、スパイ容疑でコーンウォールを退去させられたのちにロンドンにいたフリーダが、アミアン東部でのマンフレート撃墜という事実を知ったのは、同じくイギリスの新聞からである。

ところで、フリーダとエルゼがマンフレートと会ったことがあるのかという歴史的に興味深い謎は、換言すると、メッツのリヒトホーフェン家とシュレージエンのリヒトホーフェン家の遠縁どうしは親密な交流があったかどうかという問題になるのだが、これには興味深い事実が内在してきたように思われる。

すなわち、この問題に関心を示し、究明しようとする者はフリーダが主体の研究ではなく、彼女と駆け落ちした若き文学者D・H・ロレンスとの関連で研究する者たちがむしろ多かった。ロレンス研究の一環としてフリーダに言及する必要がある者たちとでもいえるだろうか。

それゆえ、20世紀後半のロベルト・ルーカス、マーティン・グリーンの評伝や、ユンググリングとロースベック共著の伝記は（それもドイツ人たちが）、D・H・ロレンスからではなく、最初からフリーダ・フォン・リヒトホーフェンに着目した点で、彼女個人の存在を復権したといえるのである。

さて、ジョン・ワーゼンの『冷静な心と宝冠』（Cold Hearts and Coronets, １９９５年）は、フリーダとマンフレートの邂逅について肉薄した前世紀末ごろの研究である。ロレンスの同時代人、研究者と伝記作家による記述の誤りを指摘し、これまでの議論を踏まえたうえで、２人に同時代での交流がなかったことを明らかにしている。

たしかに、2人は共通の祖先である1611年生まれのヨハン・プレトリウス・フォン・リヒトホーフェンにまで遡行できる。だが、第一次世界大戦開戦時の1914年時点で、フリーダが移住したイギリスではマンフレートはまったくの無名で、「レッド・バロン」として著名になるのは1917年以降であるために、フリーダは彼の存在をそれまで知らなかったであろうという結論である。さらなる根拠としては、ロレンス書簡集からフリーダとウィークリーの次女バーバラ・バーによる「彼女たちはまず会っていない」という記述を、ワーゼンは引用している。

ちなみに、ロレンス夫妻にとっては二度目の1924年3月から翌年9月までのタオス滞在時に、メキシコシティ南東のオアハカで撃墜王リヒトホーフェンのことを耳にしたエピソードを、フリーダが自伝に記している。インディアン部族とともに山岳地帯奥地で暮らす宣教師夫妻と知りあったときのことである。

「彼は宣教師ではなく、兵士のような外見でした。かつてパイロットだったという彼から、遠く離れたオアハカという地で聞かされた話です。マンフレート・リヒトホーフェンが撃墜されたときは現場にいて、その晩にカジノで士官のひとりが立ちあがり、〈われらの高潔高貴な敵対者に敬意を表して〉とグラスをかかげたときにも立ち会ったというのです。恐ろしい戦争に由来するものの、この人間的な美しい心の衝動について耳にするのは、大きな意味がありました」
これはフリーダの自伝で唯一、遠戚のマンフレートに言及した箇所である。

## 『チャタレー夫人の恋人』と戦後の裁判

1925年秋からフィレンツェ近郊のスカンディッチ村で執筆が開始され、最終的には三度も改稿した原稿は、1928年7月にフィレンツェの出版社オリオーリから限定私家版として上梓された。『チャタレー夫人の恋人』はロレンス最後の長編小説で、もっとも読まれた作品である。

この小説の出版事情は複雑である。フィレンツェでの出版や特異な販売方法となったのは、ロンドンのセッカー社やニューヨークのクノプフ社では断られたために、そのやりかたでしか出版できなかったからである。『チャタレー夫人の恋人』はイギリスでは猥褻として非難されたが、その一方で海賊版が広範に流布された。

前世紀、ロレンスの作品には発売禁止、部分的削除や変更、裁判、そして「猥褻」という語の定義の問題が随時、つきまとった。とりわけ、『チャタレー夫人の恋人』は第二次世界大戦後のアメリカ、イギリス、日本でほぼ同時期に裁判がおこなわれた。このあたりの裁判事情の概要については、伊藤整訳、伊藤礼補訳『完訳 チャタレイ夫人の恋人』(新潮文庫、1996年)所収の伊藤礼「改訂版へのあとがき」に詳しい。

日本では最終的に、1957年3月に被告の出版社小沢書店社長・小山久二郎が罰金25万円、同翻訳者伊藤整が罰金10万円という最高裁判所判決が確定した。

ところが、日本と異なって、1959年のアメリカのグローブ・プレス社が出版した無削除版と、1960年のイギリスのペンギン・ブックス社によるロレンス没後20年記念出版と題した無削除版をめぐる裁判では、それぞれ無罪として、出版社側が勝訴している。

ロレンスの生涯でもっとも売れたこの最後の長編小説は、イギリスでは解禁後6週間で200万部、その半年後にはさらに130万部が、アメリカでは解禁後2年間で600万部が販売された。ポルノ小説として読まれたとも伝わっており、それだけ多くの人びとがその内容を知りたがったゆえだと思われるが、ロレンスが三度も書き直してまで伝えたかったことを、いったいどれほどの読者が理解したのだろうか。

なにが猥褻かという問題はロレンス生前から存在していた。それが彼の作品を書店から排除し、ロレンス夫妻を貧窮に追いやった。ところが、現代のように、インターネット上に無数の動画や画像が、書店ではヘアヌード写真集が氾濫《はんらん》している時代では、もはや上記の裁判の意義を問うことさえ滑稽であり、ましてや前世紀中葉の社会通念と道徳のありかたを想起することも、現今においては（世代間で大きく異なるとしても）かなり困難ではないだろうか。

『チャタレー夫人の恋人』後半にはたしかに、主人公コニーことコンスタンス・チャタレーと森番オリヴァー・メラーズとの性行為の直接的描写は多い。その大胆な直接性がそれまでのイギリス小説にみられた性的描写の慣例の上限を突破したとは言明できるだろう。
ところが、著者が訳書を一読したかぎりでは、その直接性のなかに、官能的というよりも、生の歓喜や実存がもっと感覚的かつ精緻に描出されているという印象である。とはいえ、具体的な検証を試みるのは著者の力量ではおよばないゆえ、ごく一部のみを引用しておきたい。

ああ、なんという素晴らしさだろう。身も心も溶けてしまいそうだ。潮が引いていくなかで、コニーはその素晴らしさを完全に理解した。彼女の体全体がこの未知なる男に切ない気持ちを込めてしがみつき、縮みゆく部分を手放すまいと躍起になった。あれだけ激しく突いていたのに、こんなにも柔らかく萎《な》えて勝手に遠のいていく。この謎めく繊細なものが体から引き抜かれたとき、コニーは絶望的な喪失感から思わず声を上げ、自分のなかに押し戻そうとした。それほどまでに完璧な存在だったのだ。コニーはそれが愛おしくてたまらなかった。

「……」

いまコニーの心のなかに、メラーズに対する驚異の念が生まれた。これが男というものなのだ。自分に向けられた男の不可思議な力。「……」この美しい手ざわり。この純粋な肌。本当に、本当に気持ちがよくて力強い。それなのに純粋で繊細。敏感な反応を示す体がここまで静かになるとは。力にあふれて優美な肉体がこんなにも静かになるとは。本当に、本当

に美しい。（木村政則訳）

こうした描写は、ロレンスの鋭敏な感受性とともに、生涯の伴侶フリーダのなかに彼が感受していた本質的なものの一端を看取させる文章だとはいえるはずだ。

## ロレンス作品とフリーダ

44年という半世紀にもおよばない生涯にして、26歳からは孔席《こうせき》暖まらず墨突黔《ぼくとつくろ》まずといった状態で世界を流浪したにもかかわらず、D・H・ロレンスは膨大な著作を残した。12の長編、15の短編・中編集のほか、詩集、戯曲、評論、エッセイ、旅行記、イタリア文学翻訳、画集に書簡集、遺稿集も刊行されていて、現代ではまさしくイギリスを代表する大作家である。1985年にはウエストミンスター寺院の詩人記念廊《ポエッツ・コーナー》にロレンスの記念碑が設置された。

作家ロレンスは自身の体験や思考を（それもけっこうな頻度で長大な）物語として語るというタイプの思想家でもある。それゆえ、世界を遍歴して、たどりついた土地で感受し、思考したことをその都度、小説や詩のほか、さまざまなジャンルで書きつけた。

たとえば、1912年8月にミュンヒェン近郊のイッキングから徒歩でアルプスを越えて、北イタリアのガルダ湖畔ガルニャーノに翌年3月末まで滞在した経験と思索は、紀行『イタリアの薄明』（1916年）となる。

1922年5月にアメリカ大陸への航海の途中で、セイロン経由で滞在したオーストラリア南部のフリーマントルやシドニーでは、オーストラリアの政治情勢への関心をもとに、シドニーが舞台の政治小説『カンガルー』（1923年）、その自然から受けたインスピレーションから、冒険とアクションが豊かな小説『叢林の少年』（1924年）という長編2作品が生まれた。

さらに、同年9月からの合衆国ニューメキシコ州北部の盆地にある町タオスやその周辺、さらに翌年の数回にわたるメキシコ滞在で知ったアメリカ原住民や原始宗教は、主人公がメキシコ市で闘牛を観戦する場面から物語がはじまり、アステカの古代宗教を復活させる運動を描いた長編小説『翼ある蛇』（1926年）へと結実した。あるいは1927年3月から4月にイタリア中部にある先住民族エトルリア人の遺跡4ヵ所を探訪して受けた感銘は、紀行『エトルリアの故地』（1932年）として死後に出版された。当時のヨーロッパ文明に批判的なロレンスは、非ヨーロッパ世界へ積極的に眼をむけたのである。

彼の身体は虚弱だったが、旺盛に活動した。そして、その精神状態を維持させていたのはフリーダ・ロレンスだった。

2005年に出版したロレンスの評伝で、ジョン・ワーゼンは「この〈魅力を感じる〉ということはフリーダの場合には肉体関係に直結する」（中林正身訳）と評しているが、ロレンスに出会う以前からすでに恋愛に自由奔放で、かつ人目を引く容姿の女性であった。

作家ロレンスもまた、特異な人間的魅力があった。すでに触れたようにフリーダを知る以前から、少なからぬ女性と交際しており、フリーダの姉エルゼ、妹ヌーシュは初対面で彼を気に入り、義母のアンナ男爵夫人ものちにはロレンスと長期にわたって文通した。

ハイデルベルクの学者世界に生きたエルゼとは対照的に、2人は多くの文学者、編集者、芸術家にくわえて、メイベル・ドッジ・ルーハン（1879〜1962）のようなパトロンとも交友し、愛されもしたが（ときにはフリーダとロレンスのそれぞれで肉体関係に発展した）、反目も少なくなかった。ロレンスはそれらをも自身のモデル小説のなかに昇華させたが、この夫婦の周囲ではいつも騒動がもちあがったようである。ロレンスの死後に、この大作家についての回想を、彼を知る種々の人びとが陸続と出版したことは、それを証明している。

「ロレンスと一緒にいることは一種の冒険であり、新しきものと他なるものの中への発見の航海であった。というのは、自分が異なった種類の存在だったので、彼は普通の人の世界とは違った世界に住んでいた」（伊藤整ほか訳）と、彼の書簡集を編集したオルダス・ハクスリー（1894〜1963）はその序文で指摘している。

ところで、自伝的色彩が濃厚なロレンス作品で、フリーダの影響がもっともわかりやすく看取される例として最初のものは1915年の『虹』と1920年の『恋する女たち』である。この2作は『姉妹』と題された作品がもとになっている。前者は後者の前史として三代にわたるブラングウェン家の物語を描いており、後者は教師アーシュラと芸術家グドルーンというブラングウェン家の姉妹とたがいの恋人をめぐるふた組のカップルの物語である。

さらに言及すれば、フリーダだけではなく、姉エルゼもふくめたリヒトホーフェン姉妹がモデルだといえよう。『虹』の主人公アーシュラの恋人の名はアントン・スクレベンスキーだが、その姓が姉妹の母親の旧姓であるうえに、『恋する女たち』の姉アーシュラが教師であるのは、現実に教師をしていたエルゼを想起させる。

グリーンによると、「ロレンスが当初『姉妹』で描こうと、それも共感をこめて描こうとしたのは、女性たちがその伝統的な役割の制限と闘い、その外へと飛び出すさまであるのは明らかだ」という。くわえて、『虹』の献辞が「エルゼへ」だったほか、初期の版では中心人物の名がエリザベスを変形させた「エラ」と呼ばれていたことなど、その証左にはこと欠かないのである。

### 2人の旅の終わり

1928年11月から南仏地中海沿岸の小都市バンドルに逗留していたロレンスは、死去する前年でさえ半年かけて、スペイン、ドイツ、イタリアを旅していた。だが、旅行後の9月からロレンスの肺結核が悪化した。合衆国ニューメキシコ州再訪を望んだが、体力への懸念があったために、翌1930年2月上旬にフランス東南部のカンヌから北に位置する山にある町ヴァンスのサナトリウム「アド・アストラ」で転地療養することになった。

しかし、ロレンスの容体がさらに悪化したために、本人の希望もあって、3月1日に市内の民家ヴィラ・ロベールルモンに移った。ところが、翌2日に重体となり、その夜22時ごろにロレンスは永逝《えいせい》した。

この瞬間を、フリーダは以下のように表現した。「死神の手が彼〔ロレンス〕をつかんだのです……、死がやってきて、ロレンスは死にました。あまりにもあっさりとした、あまりにもわずかな変化に思われたのですが、それはなんと最終的で、なんと圧倒的なものなのでしょう。死とは！」

ロレンスの遺体はヴァンスの共同墓地に埋葬された。

マックス・ヴェーバーの妻マリアンネが夫の死後に大量の書簡や著述で構成された重厚な伝記を執筆し、夫から継承したサロンをハイデルベルクの自宅で開催しつづけて、マックスの生涯と事績を同時代の事件や神話として残そうとしたように、フリーダもまた夫D・H・ロレンスの思い出と作品を後世に伝えようとした。夫の死から数日後には、フリーダは旧友の著述家オルダス・ハクスリーとともに、ロレンスの書簡集を出版しようと計画している。

ロレンス死後の翌1931年に、3番目の夫となるイタリア人士官アンジェロ・ラヴァリ（1891～1976）とともに、フリーダはニューメキシコ州のカイオワ牧場《ランチ》へと戻ってきた。

彼女がラヴァリと知りあったのは、1925年11月にイタリア西部のリグーリア州の都市スポトルノに滞在していたときで、このときラヴァリには妻と子ども3人がいたが、フリーダと深い関係になると、それはロレンスが死去するまで継続していた。ラヴァリの離婚が成立し、最終的に2人がタオスで結婚したのは1950年10月末日である。『チャタレー夫人の恋人』に着手した1926年10月下旬が、ロレンスがこの2人の関係に気づいたらしい時期と一致しているのは印象的だと、ジョン・ワーゼンは述べて、フリーダとラヴァリの関係がその作品を構想する契機となったとしている。

フリーダがロレンスの回想録を出版した1934年、ラヴァリはカイオワ牧場の敷地内にロレンスのための小さな霊廟《れいびょう》を建てた（図41）。さらに、ロレンスをタオスに改葬したいというフリーダの願いをかなえるために、ラヴァリはフランスのヴァンスまではるばる旅した。ロレンスの遺体を火葬に付し、遺灰を携帯してアメリカに戻ったのは1935年4月である。遺灰が盗まれないように、フリーダは砂とまぜたコンクリートの塊にして、霊廟の祭壇とした。霊廟はフリーダの生前から崇拝者たちがおとずれるようになっていたが、その死後には、カイオワ牧場とともにロレンス財団としてニューメキシコ大学の所有となった。

フリーダが最後にロンドンの地を踏んだのは、1952年6月、72歳のときで、それが子どもや孫に会った最後となった。

マリアンネ・ヴェーバーが死去した1954年春には、エルゼ・ヤッフェがニューヨークで暮らす彼女の長男フリーデルに会うために訪米している。そののちに、ニューメキシコ州まで足を延ばしたエルゼは、長年会わなかったフリーダとアルバカーキ市で再会した。これが姉妹の今生の別離となった。

図41　カイオワ農場のロレンス記念礼拝堂、正面左側の十字架はフリーダの墓碑

１９４７年から糖尿病を患っていたフリーダは、１９５６年４月には感染症のせいで２週間入院したが、快癒しなかった。そんな彼女が発作で倒れたのは、１９５６年８月８日の23時ごろである。このときの状況は、夫アンジェロ・ラヴァリがフリーダの子ども３人に宛てた同年８月17日付書簡に詳細に記されている。

彼が寝入ろうとしていたときに、奇妙な物音がした。ラジオの消し忘れかと思ったが、気がつくと、フリーダがベッドの横の床に倒れていて、意識はあったものの、右半身が麻痺していて、ろれつが回らなくなっていた。電話で呼んだ医者がその晩はつきそった。２日後の10日午後には昏睡《こんすい》状態におちいって、翌11日朝７時に息を引きとった。この日はフリーダの77歳の誕生日だった。

カイオワ牧場にあるロレンスの霊廟の正面左側すぐそばに、フリーダは葬られた。

その死去の前年１９５５年に、フランス映画『チャタレー夫人の恋人』が公開された。このフランスでの初映像化から今世紀に入ってもなお、原作小説はヨーロッパ各国で劇場作品やテレビドラマとして何度も映像化されている。そのたびに、フリーダ・フォン・リヒトホーフェンの人生が主人公コンスタンス・チャタレー夫人の物語として再構築されてきたといえるはずである。

# 結び　撃墜王兄弟と〈恋する姉妹〉から見えた景色

本書はかなり変則的な構成となっている。マンフレートを扱う第1章のボリュームが大きく、また前半の第1章・第2章と後半の第3章・第4章では色調もかなり異なっているだろう。とりわけ、撃墜王リヒトホーフェン、マンフレートとローター兄弟に関心をいだいた読者には、エルゼとフリーダ姉妹の2章分は蛇足だとお考えかもしれない。

ところが、たいへん申し訳ないのだが、こうした構成を通して本書は描きたいものがあったのだ。同時代に生きたものの、邂逅したという記録は現在のところ存在しない、リヒトホーフェン一族に連なる兄弟・姉妹の物語を、1冊の書物のなかで同列に論じることこそが、著者にとっての挑戦であったのだ。

本書では、リヒトホーフェン家の血筋を継承する2つの家系を、同時代に生きた兄弟・姉妹をつうじての描述を試みることで、同時代史のそれぞれまったく異なる断面が供覧に付されたのである。

たとえばマンフレートとローターの生涯を叙述することで、普仏戦争後のドイツで貴族に生まれた男性がいかにして軍人となって、第一次世界大戦を戦い、生き残った者がどのような戦後を生きたかを呈示した。

その一方で、ドイツでは西暦1900年前後からようやく、中等・高等教育、職業選択の自由、政治進出などの女性をめぐる社会制度が少しずつ整備および実現されてきたという歴史は、エルゼ・フォン・リヒトホーフェンやその親友マリアンネ・ヴェーバーの生涯を介して看取されよう。

マンフレートとローターの父アルブレヒトは1859年生まれ、エルゼとフリーダの父フリードリヒは1845年生まれで、その年齢差は14年でひと世代以上離れている。だが、この父親2人はともに軍人だった。

学者、政治家、実業家を志ざさない19世紀後半の貴族男性の職業として、軍人はごくあたりまえだった。アルブレヒトの息子たちもまた、父と同じく軍人となった。現代とは異なり、戦場は「男の世界」であって、女性兵士はほぼ皆無だった時代のことである。

貴族の女性として生を享けたエルゼとフリーダは、なるほどその同時代の観点からは当時の市民社会の慣習に束縛されることの少ない人生を送った。

国民経済学の学位を有する姉はハイデルベルク大学の学者の世界を、年下のイギリス人作家とともに地球を広遠に漂泊した妹は文壇の世界を生きた。あるいは、姉妹が生きたのは、男性との性愛を中心にした「女の世界」でもあったといえよう。

リヒトホーフェン一族の別家系の男たち（兄弟）と女たち（姉妹）の生涯を1冊の書物のなかに並記すること。

それが、同時代に存在したそれぞれ別個の世界を、すなわち第一次世界大戦の西部戦線と大戦後の世界や、バーデン大公国の学術都市ハイデルベルクのアカデミズムの世界、あるいは20世紀を代表するイギリス人作家D・H・ロレンスの精神世界などを同時代史として論述することを可能としたのである。

100年ほど前の巨大な転換期を多面的に捉える契機としてもらえれば、幸いである。

# あとがき

一般的に「グリム兄弟」といえば、言語学者、民俗学者、民話収集家であった長男ヤーコプ〔・ルートヴィヒ・カール〕（1785〜1863）と次男ヴィルヘルム〔・カール〕（1786〜1859）の2人を意味する固有名詞である。

しかしながら、実は「グリム兄弟」が、まったく無名の三男カール・フリードリヒ（1787〜1852）、伝説収集家の四男フェルディナント・フィリップ（1788〜1845）と、カッセルの美術アカデミーで教授職についていた画家の末弟ルートヴィヒ・エーミール（1790〜1863）も含めた5人兄弟であったこと、さらに夭逝《ようせい》した兄弟や1人の妹を加算すれば、9人きょうだいであったことはあまり知られていない。

「グリム兄弟」の事例と同じく、第一次世界大戦の撃墜王で有名な兄マンフレートとともに、弟ローターも兄に比肩する撃墜王であった事実も、（一部の好事家をのぞけば）それほど有名ではないはずだ。

この兄弟とともに、マックス・ヴェーバーの教え子かつ愛人として（ばかり）語られがちな姉エルゼと、イギリスの作家D・H・ロレンスの自由奔放な妻として（ばかり）知られることが多い妹フリーダという、〈恋する姉妹たち〉を中心に、本書を書かせていただいた。

父権制的ドイツに殉じた短命の軍人兄弟と、社会的制限に拘束されながら自由に生きようとした長命の姉妹という両者の対照的な生涯。しかも世代はちがえど、それぞれが同時代のヨーロッパに生きて、第一次世界大戦を経験したという事実はとても感慨深く思われるのだが、いかがだったであろうか。

本書中の訳文については、訳者名のない箇所は著者によるものである。参考文献によって日付の異同がある場合は、合理性に基づいて統一した。なお固有名詞に関しては、現代ドイツ語の発音に近い表記とした。また、軍事組織の単位も訳語がかならずしも確定されているわけではなかったために、できるだけ原語の語義を優先しつつ、つぎのような訳語を使用した。

Feldflieger-Abteilung（野戦飛行隊）、Jagdstaffel（戦闘機中隊）、Jagdgeschwader（戦闘機大隊）、Kampfstaffel（戦闘中隊）、Kampfgeschwader（戦闘大隊）などである。

この5年ほどは19世紀後半から20世紀前半までの時代を対象にした文化事象で著述してきたが、今回あらためて、21世紀の現代から100年ほど過去の時代の歴史や社会を書くことによって、この間に変化した事象と不変だった事象について思考できて、また、著者がずっと関心があった同一の家系に発する同時代の兄弟と姉妹を1冊の書籍にまとめることができて、個人的には非常に満足している。

ローター・フォン・リヒトホーフェン、フリードリヒ・ゲオルク・ユンガー、アルフレート・ヴェーバーは有名な兄の陰に隠れてしまった弟たちだが、けっして見劣りしているわけではないことも言及しておいたつもりである。蛇足ながら、ここでその立場が反対の例もあげておこう。

ドイツ人作家ゲルハルト・ハウプトマン（1862～1946）を弟にもつ、同じく自然主義作家のカール・ハウプトマン（1858～1921）だ。マックス・ヴェーバーと同世代のこの兄カールの場合は、弟ゲルハルトが1912年にノーベル文学賞を受賞したために、明暗の対照がもっと強烈だったはずである。くわえて、兄ハインリヒ・マン（1871～1950）と、1929年にノーベル文学賞を受賞した弟トーマス・マン（1875～1955）も同様の例だと思われる。

ところで本書執筆中に、第一次世界大戦で活躍したある人物の関連書籍をよく読んでいた学生時代を思い出せたのは、とてもうれしい体験だった。彼は本書第4章で記述した中心人物と同一の姓である。

すなわち、デーヴィッド・ハーバート・ロレンスの同時代人であるトマス・エドワード・ロレンス（1888～1935）、通称「アラビアのロレンス」である。本書では「アラブの反乱」そのものには言及しなかったが、神坂智子『T・E・ロレンス』（1985～88年）とデヴィッド・リーン監督『アラビアのロレンス』（1962年）は、もはや知命を超えた年齢の現在でも、著者が数年に一度は読み返すマンガ、観直す映画である。ちなみに、T・Eが好んだ作家はD・Hではなく、ウィリアム・モリス（1834～96）だったのだが。

もちろん、松本零士氏の『戦場まんがシリーズ』（1974～80年）やTVアニメ『機動戦士ガンダム』（1979～80年）も、小学生のときから著者の内面を形成するいまなお重要な構成要素である。後者の作品に登場する「赤い彗星」ことシャア・アズナブルは深紅の人型機動兵器を駆る貴種の軍人（しかもドイツ軍を思わせる）であって、もはや国民的キャラクターといってもよいはずのこの登場人物が、マンフレート・フォン・リヒトホーフェンからインスピレーションを得ていることは、すでに歴史的事実といえるだろうか。

かくして、本書を執筆しながら、著者自身のかつての読書歴、マンガ、映画の趣味のことを感慨深く回想したのは、著者の人生も折り返し地点を過ぎたがゆえなのだろう。

一方で、本書の企画が編集会議で承認されたとの連絡を担当者の方からいただいた時期のこと、ひとつの偶然に気づいた。著者の学位論文とこの数年間で書いていたものは、ある研究者の轍《わだち》のうえを歩いてきたといえるような状況であったということだ。

英文学、比較文学、冒険文学など多彩な領域で仕事を残したマーティン・バージェス・グリーン（1927～2010）のロビンソン・クルーソー、アスコーナ、リヒトホーフェン姉妹に関する研究が、近年の著者の大きな仕事の礎となっていることに気づいたのである。

氏のロビンソン・クルーソー研究は著者の学位論文内の1章に、アスコーナ研究はドイツ裸体文化論とヘルマン・ヘッセ論にきわめて強力なインパクトを与えてきたし、とりわけ塚本明子氏が翻訳された『リヒトホーフェン姉妹　思想史のなかの女性　1870−1970』（みすず書房、2003年）はその訳業自体がかけがえのないものであって、本書で大いに参考にさせていただいた。

意図しなかったものの、かの碩学の研究業績とその接点に感謝するとともに、これ以降は故グリーン氏の偉大な足跡から外れて、異なる道を歩んでいければと考えている。

くわえて、著者が本書に関してもっとも畏怖するものが、第一次世界大戦、マックス・ヴェーバー、D・H・ロレンスをめぐる研究者各位のご意見であるのはいうまでもない。伏して今後の議論に期したいところである。

本書後半で言及したスイス南部アスコーナ村の共同体「モンテ・ヴェリタ」と、これをめぐる思想群や生活改革運動、またはかの地でなされていた自然療法についてご関心をもたれた読者諸氏には、拙著『踊る裸体生活　ドイツ健康身体論とナチスの文化史』（勉誠出版、2017年）、『裸のヘッセ　ドイツ生活改革運動と芸術家たち』（法政大学出版局、2019年）、『ドイツの自然療法　水治療・断食・サナトリウム』（平凡社新書、2021年）などをご高覧いただければ、はなはだ幸いである。

第一次世界大戦の戦場であったフランス北部の地名については、関西大学文学部の同僚である友谷知己教授からのご教示に深謝申し上げたい。

当初、中央公論新社の上林達也さんからご依頼をいただいたときは、大仰だが、感泣した。著者の近年の著作その他にすべて眼を通してくださったうえで、白羽の矢を立ててくれたからである。上林さんからは、言葉では容易に伝達できないようなうれしい激励や多大なご尽力をいただいた。本書を担当してくれた氏には衷心からの感謝を申し上げる。さらなる仕事上でのおつきあいをお願いしたい所存である。

そして数年来、日夜問わず応援させていただいているハロー！プロジェクトのアイドルグループJuice=Juiceと、メンバーの稲場愛香《いなばまなか》さん、いつも元気をくださって、ありがとうございます。

2021年12月27日、世田谷区蘆花公園の近傍にて

森　貴史

図19　Castan, 2007, ein Blatt zwischen S. 232 u. 233.
図20　Castan, 2007, ein Blatt zwischen S. 232 u. 233.
図21　Kilduff, 1999, S. 115.
図22　Castan, 2007, ein Blatt zwischen S. 232 u. 233.
図23　Kohl, Hermann: *Richthofen, der König der Lüfte*. Reutlingen (Enßlin & Laiblin) 1937, ein Blatt zwischen S. 80 u. 81.
図24　Schweckendiek, Oskar: *Der Kampfflieger Lothar Freiherr von Richthofen*. Düsseldorf (Antiqua-Verlag Philip Schröder) 2019, Titelblatt.
図25　Kilduff, 1999, S. 88.
図26　Grosz, Peter M./Koos, Volker: *Fokker Flugzeugwerke in Deutschland 1912-1921*. Königswinter (Heel) 2004, S. 62.
図27　Schweckendiek, 2019, S. 17.
図28　Castan, 2007, ein Blatt zwischen S. 232 u. 233.
図29　Kilduff, 1999, S. 87.
図30　Lucas, Robert: *Frieda von Richthofen. Ihr Leben mit D. H. Lawrence, dem Dichter der »Lady Chatterley«*. München (Kindler) 1972, ein Blatt zwischen S. 176 u. 177.
図31　Green, Martin: *The von Richthofen Sisters. The Triumphant and the Tragic Modes of Love. Else and Frieda von Richthofen, Otto Gross, Max Weber, and D. H. Lawrence, in the Years 1870-1970*. New York (Basic Books, Inc.) 1974, ein Blatt zwischen S. 206 u. 207.
図32　https://de.wikipedia.org/wiki/Max_Weber
図33　https://de.wikipedia.org/wiki/Max_Weber
図34　Green, 1974, ein Blatt zwischen S. 206 u. 207.
図35　Green, 1974, ein Blatt zwischen S. 206 u. 207.
図36　Green, Martin: *Mountain of Truth. The Counterculture Begins. Ascona, 1900-1920*. Hanover, London (University Press of New England) 1986, ein Blatt zwischen S. 146 u. 147.
図37　Green, 1974, ein Blatt zwischen S. 206 u. 207.
図38　https://de.wikipedia.org/wiki/Mina_Tobler
図39　Green, 1974, ein Blatt zwischen S. 206 u. 207.
図40　Lucas, 1972, ein Blatt zwischen S. 176 u. 177.
図41　Lucas, 1972, ein Blatt zwischen S. 176 u. 177.

# 画像出典

図1 Italiaander, Rolf: *Manfred Freiherr von Richthofen. der beste Jagtflieger des großen Krieges. Mit einem Geleitwort von Generalleutnant Thomsen*. Berlin (A. Weichert) 1938, S. 7.

図2 Italiaander, 1938, Titelblatt.

図3 Richthofen, Kunigunde Freifrau von: *Mein Kriegstagebuch. Die Erinnerungen der Mutter des roten Kampffliegers. Mit einem Geleitwort von Generaloberst Göring. Mit 43 Aufnahmen aus Familienbesitz*. Berlin (Ullstein) 1937, ein Blatt zwischen S. 16 u. 17.

図4 Richthofen, 1937, ein Blatt zwischen S. 16 u. 17.

図5 Richthofen, 1937, ein Blatt zwischen S. 8 u. 9.

図6 Richthofen, 1937, ein Blatt zwischen S. 8 u. 9.

図7 Richthofen, 1937, ein Blatt zwischen S. 8 u. 9.

図8 Castan, Joachim: *Der Rote Baron. Die ganze Geschichte des Manfred von Richthofen*. Stuttgart (Klett-Cotta) 2007, ein Blatt zwischen S. 128 u. 129.

図9 Béjeuhr, Paul: *Der erste Weltkrieg als Luftkrieg. Kampfflugzeuge und Bomber der Luftwaffe. Mit 86 Abbildungen von Fliegern und Angriffen*. (Originalausgabe 1915) Hamburg (Diplomica Verlag) 2018, S. 70.

図10 Richthofen, Manfred Freiherr von: *Der rote Kampfflieger. Eingeleitet und ergänzt von Bolko Freiherr von Richthofen. Mit einem Vorwort von Reichsminister Hermann Göring. Mit 22 Aufnahmen*. Berlin (Ullstein) 1933, ein Blatt zwischen S. 76 u. 77.

図11 Kilduff, Peter: *The Illustrated Red Baron. The Life and Times of Manfred von Richthofen*. London (Cassell & Co) 1999, S. 20.

図12 Kilduff, 1999, S. 130.

図13 Italiaander, 1938, ein Blatt zwischen S. 16 u. 17.

図14 Kilduff, 1999, S. 41.

図15 Richthofen, 1933, ein Blatt zwischen S. 76 u. 77.

図16 Richthofen, 1933, ein Blatt zwischen S. 172 u. 173.

図17 Castan, 2007, ein Blatt zwischen S. 128 u. 129.

図18 Castan, 2007, ein Blatt zwischen S. 128 u. 129.

*tiker Alfred Weber 1868-1958. Bearbeitet von Eberhard Demm*. Heidelberg, Ubstadt-Weiher, Basel (verlag regionalkultur) 2003.
Radkau, Joachim: *Max Weber. Die Leidenschaft des Denkens*. München (Carl Hanser) 2005.
Reventlow, Franziska Gräfin zu: *Gesammelte Werke*. e-artnow 2018.
Schaefer, Oda (Hrsg.): *Schwabing. Ein Lesebuch*. München, Zürich (Piper) 1985.
Schlaffer, Hannelore: *Die intellektuelle Ehe. Der Plan vom Leben als Paar*. München (Carl Hanser) 2011.
Squires, Michael/Talbot, Lynn K.: *Living at the Edge. A Biography of D. H. Lawrence & Frieda von Richthofen*. Madison Wisc (The University of Wisconsin Press) 2002.
Weber, Marianne: *Max Weber. Ein Lebensbild*. Tübingen（J. C. B. Mohr）1950.〔マリアンネ・ウェーバー（大久保和郎訳）『マックス・ウェーバー』みすず書房、2008年〕
Weber, Max: *Gesammelte Aufsätze zur Religionssoziologie I*. Stuttgart（UTB）1988.〔マックス・ヴェーバー（大塚久雄、生松敬三訳）『宗教社会学論選』みすず書房、2019年〕
Worthen, John: *Cold Hearts and Coronets. Lawrence, the Weekleys and the von Richthofen*. Nottingham (University of Nottingham) 1995.
Zweig, Stefan: *Die Welt von Gestern. Erinnerungen eines Europäers*. Frankfurt/M.（S. Fischer）1981.〔シュテファン・ツヴァイク（原田義人訳）『昨日の世界Ⅰ・Ⅱ』みすず書房、1999年〕

**参考映像**

『危険なメソッド』東映ビデオ、2013年

1970』みすず書房、2003年〕

Gross, Otto: *Von geschlechtlicher Not zur sozialen Katastrophe. Mit einem Textanhang von Franz Jung*. Kreiler, Kurt (Hrsg.) Frankfurt/M. (Robinson) 1980.

Gross, Otto: *Von geschlechtlicher Not zur sozialen Katastrophe*. Hamburg (Edition Nautilus) 2000.

Hurwitz, Emanuel: *Otto Gross. Paradies-Sucher zwischen Freud und Jung*. Zürich (Suhrkamp) 1988.

Jaspers, Karl: *Max Weber*. München, Zürich (Piper) 1988.〔カール・ヤスパース（樺俊雄訳）『マックス・ウェーバー（ヤスパース選集13）』理想社、1966年〕

Jüngling, Kirsten/Roßbeck, Brigitte: *Frieda von Richthofen. Biographie*. Berlin (Ullstein) 1998.

Krüger, Christa: *Max und Marianne Weber. Tag- und Nachtansichten einer Ehe*. München, Zürich (Pendo) 2001.〔クリスタ・クリューガー（徳永恂ほか訳）『マックス・ウェーバーと妻マリアンネ　結婚生活の光と影』新曜社、2007年〕

Lawrence geb. Freiin von Richthofen, Frieda: *Nur der Wind... Mit neunzig Briefen und fünf Gedichten von D. H. Lawrence*. Berlin (Die Rabenpresse) 1936.〔フリーダ・ロレンス（二宮尊道訳）『私ではなくて　風が…　D・H・ロレンス伝』彌生書房、1973年〕

Lawrence, Frieda: *The Memoirs and Correspondence. Edited by E. W. Tedlock, Jr.* New York (Alfred A. Knopf) 1964.

Lucas, Robert: *Frieda von Richthofen. Ihr Leben mit D. H. Lawrence, dem Dichter der »Lady Chatterley«*. München (Kindler) 1972.〔ロベルト・ルーカス（奥村透訳）『チャタレー夫人の原像　D・H・ロレンスとその妻フリーダ』講談社、1981年〕

Madison, Lois L. (Hrsg.): *Otto Gross. Werke 1901-1920*. Hamilton NY (Mindpiece) 2009.

Mommsen, W. J./Schwentker, W. (Hrsg.): *Max Weber und seine Zeitgenossen*. Göttingen, Zürich (Vandenhoeck & Ruprecht) 1988.〔W・J・モムゼン、J・オースターハメル、W・シュベントカー編著（鈴木広ほか監訳）『マックス・ヴェーバーとその同時代人群像』ミネルヴァ書房、1994年〕

Moritz, Werner (Hrsg.): *Geist und Politik. Der Heidelberger Gelehrtenpoli-*

Baumgarten, Eduard: *Max Weber. Werk und Person*. Tübingen (J. C. B. Mohr) 1964.〔第3部のみE. バウムガルテン（生松敬三訳）『マックス・ヴェーバー5　人と業績』福村出版、1971年〕

Bertschinger-Joos, Esther: *Frieda Gross und ihre Briefe an Else Jaffé. Ein bewegtes Leben im Umfeld von Anarchismus, Psychoanalyse und Bohème*. Marburg (LiteraturWissenschaft.de), 2014

Binder, Hartmut (Hrsg): *Kafka-Handbuch*. Bd. I. Stuttgart (Kröner) 1979.

Binder, Hartmut: *Kafka in neuer Sicht. Mimik, Gestik und Personengefüge als Darstellungsformen des Autobiographischen*. Stuttgart (Metzler) 1976.

Boulton, James T. (Ed.): *The Letters of D. H. Lawrence*. I-VIII. Cambridge (Cambridge University Press) 1979–93.〔ジェイムズ・T・ボールトン編（木村公一ほか編訳）『ロレンス 愛と苦悩の手紙 ケンブリッジ版D・H・ロレンス書簡集』鷹書房弓プレス、2011年〕

Decker, Kerstin: *Franziska zu Reventlow. Eine Biografie*. Berlin (Berlin Verlag) 2018.

Demm, Eberhard: *Else Jaffé-von Richthofen. Erfülltes Leben zwischen Max und Alfred Weber*. Düsseldorf (Droste) 2014.

Dienes, Gerhard M./Rother, Ralf (Hrsg.): *Die Gesetze des Vaters. Problematische Identitätsansprüche. Hans und Otto Gross, Sigmund Freud und Franz Kafka*. Wien, Köln, Weimar (Böhlau) 2003.

Festner, Katharina/Raabe, Christiane: *Spaziergänge durch das München berühmter Frauen*. Zürich, Hamburg (Arche) 1996.

Gneuss, Christian/Kocka, Jürgen (Hrsg.): *Max Weber. Ein Symposion*. München (Deutscher Taschenbuch Verlag) 1988.

Green, Martin: *Mountain of Truth. The Counterculture Begins. Ascona, 1900-1920*. Hanover, London (University Press of New England) 1986.〔マーティン・グリーン（進藤英樹訳）『真理の山　アスコーナ対抗文化年代記』平凡社、1998年〕

Green, Martin: *The von Richthofen Sisters. The Triumphant and the Tragic Modes of Love. Else and Frieda von Richthofen, Otto Gross, Max Weber, and D. H. Lawrence, in the Years 1870-1970*. New York (Basic Books, Inc.) 1974.〔マーティン・グリーン（塚本明子訳）『リヒトホーフェン姉妹　思想史のなかの女性　1870–

牧野雅彦『マックス・ウェーバー入門』平凡社新書、2006年
A・ミッツマン（安藤英治訳）『鉄の檻　マックス・ウェーバー　一つの人間劇』創文社、1975年
水戸部由枝「ドイツ・ヴィルヘルム時代における市民的性道徳と新しい性道徳　O・グロース“エロス論”がヴェーバー・サークルに与えた影響」、現代史研究会編『現代史研究』51巻所収、33-47頁、2005年
山之内靖『マックス・ヴェーバー入門』岩波新書、1997年
メイベル・ドッジ・ルーハン（野島秀勝訳）『タオスのロレンゾー　D・H・ロレンス回想』法政大学出版局、1997年
D・H・ロレンス（吉村宏一、北崎契縁訳）『アロンの杖』八潮出版社、1988年
D・H・ロレンス（奥井潔訳）『エトルリアの故地』南雲堂、1987年
D・H・ロレンス（小川和夫、伊沢龍雄訳）『恋する女たち　世界文学全集57』集英社、1970年
D・H・ロレンス（西村孝次訳）『侵入者』八潮出版社、1964年
D・H・ロレンス（小川和夫訳）『精神分析と無意識／無意識の幻想』南雲堂、1987年
D・H・ロレンス（伊藤整訳、伊藤礼補訳）『完訳　チャタレイ夫人の恋人』新潮文庫、1996年、（木村政則訳）『チャタレー夫人の恋人』光文社古典新訳文庫、2014年〔D. H. Lawrence: *Lady Chatterley's Lover*. *Illustrated edition*. Independently published, 2021.〕
D・H・ロレンス（宮西豊逸訳）『翼ある蛇』（上・下）角川文庫、1990年
D・H・ロレンス（森晴秀訳）『ミスター・ヌーン』集英社、1985年〔D. H. Lawrence: *Mr Noon*. *Edited by Lindeth Vasey*. Cambridge (Cambridge University Press) 1984.〕
D・H・ロレンス（小野寺健、武藤浩史訳）『息子と恋人』ちくま文庫、2016年
D・H・ロレンス（井上義夫編訳）『ロレンス短篇集』ちくま文庫、2010年
ジョン・ワーゼン（中林正身訳）『作家ロレンスは、こう生きた』南雲堂、2015年
ジョン・ワーゼン（木村公一ほか訳）『若き日のD・H・ロレンス　ケンブリッジ版評伝』彩流社、1997年

フランツ・カフカ（池内紀訳）『審判』白水Uブックス、2006年
倉田雅美『ロレンス　人と文学』勉誠出版、2007年
倉持三郎「オットー・グロース伝（1）：フロイト、ユング、フリーダ・ロレンスとの関係」、『東京家政大学研究紀要1　人文社会科学』39巻所収、213-223頁、1999年
倉持三郎「オットー・グロース伝（2）：ユング、バッハオーフェン、D. H. ロレンスとの関連」、『東京家政大学研究紀要1　人文社会科学』40巻所収、189-199頁、2000年
倉持三郎「オットー・グロース伝（3）：フリーダ・ウィークリーとの往復書簡」、『東京家政大学研究紀要1　人文社会科学』41巻所収、167-176頁、2001年
倉持三郎『D・H・ロレンス　人と思想79』清水書院、2016年
今野元『マックス・ヴェーバー　主体的人間の悲喜劇』岩波新書、2020年
三光長治編『ドイツの世紀末 第三巻　ミュンヘン 輝ける日々』国書刊行会、1987年
ジョルジュ・シムノン（萩野弘巳訳）『メグレの初捜査』河出書房新社、1977年
キース・セイガー（岩田昇、吉村宏一訳）『［図説］D・H・ロレンスの生涯』研究社出版、1989年
徳永恂、厚東洋輔編『人間ウェーバー　人と政治と学問』有斐閣、1995年
中野敏男『ヴェーバー入門　理解社会学の射程』ちくま新書、2020年
仲正昌樹『マックス・ウェーバーを読む』講談社現代新書、2014年
西崎憲（編訳）『マンスフィールド短篇集』ちくま文庫、2002年
野口雅弘『マックス・ウェーバー　近代と格闘した思想家』中公新書、2020年
オルダス・ハックスレー編（伊藤整、永松定訳）『D・H・ロレンスの手紙』彌生選書、1971年
J・J・バハオーフェン（吉原達也訳）『母権制序説』ちくま学芸文庫、2002年
J・J・バハオーフェン（平田公夫、吉原達也訳、上山安敏解説）『古代墳墓象徴試論』作品社、2004年
ポール・ポプラウスキー編著（木村公一ほか訳編）『D・H・ロレンス事典』鷹書房弓プレス、2002年

(Klemm) 1935.
Titler, Dale M.: *The Day the Red Baron Died*. New York (Bonanza Books) 1970.〔デール・ティトラー（南郷洋一郎訳）『レッド・バロン　撃墜王最期の日』フジ出版社、1978年〕
Udet, Ernst: *Mein Fliegerleben*. Berlin (Ullstein) 1935.〔エルンスト・ウーデット（濱口自生訳）『ドイツ最強撃墜王ウーデット自伝』光人社 NF 文庫、2021年〕
Ulanoff, Stanley M.: *The Red Baron. Manfred von Richthofen*. New York (Ace Books) 1969.〔S・M・ウラノフ編（井上寿郎訳）『撃墜王リヒトホーフェン』朝日ソノラマ、1985年〕
Voigt, Immanuel: *Stars des Krieges. Eine biografische und erinnerungskulturelle Studie zu den deutschen Luftstreitkräften des Ersten Weltkrieges*. Berlin, Boston (Walter de Gruyter) 2019.
Wright, Nicolas: *The Red Baron*. London (Sidgwick & Jackson) 1979.
参考 URL
ピーナッツの仲間たち｜SNOOPY.co.jp　https://www.snoopy.co.jp/
フォッカーEシリーズ https://hobbycom.jp/workshop/library/weapon_sora/88.html
Lothar von Richthofen: Das letzte Mal an der Front, Juli - August 1918 http://www.stahlgewitter.com/erlebnisberichte/richthofen1.htm
参考映像
『I LOVE スヌーピー　THE PEANUTS MOVIE』ウォルト・ディズニー・ジャパン、2016年
『西部戦線異状なし』ジェネオン・ユニバーサル・エンターテイメント、2011年
『ブルー・マックス』ウォルト・ディズニー・ジャパン、2019年
『レッド・バロン』アネック、2020年

**エルゼとフリーダ関連**
ジル・アンリ（桶谷繁雄訳）『シムノンとメグレ警視』河出書房新社、1980年
アーネスト・ウィークリー（寺澤芳雄訳）『ことばのロマンス　英語の起源』岩波文庫、1987年
上山安敏『ウェーバーとその社会』ミネルヴァ書房、1978年
海野弘『運命の女たち　旅をする女』河出書房新社、1994年

Jünger, Ernst (Hrsg.): *Die Unvergessenen. Mit 4 Aquarellen und 64 Kunstdrucktafeln*. Berlin, Leipzig (Wilhelm Andermann) 1928. 〔「まえがき」、「あとがき」のみ、エルンスト・ユンガー（川合全弘編訳）『ユンガー政治評論選』月曜社、2016年〕

Kilduff, Peter: *The Illustrated Red Baron. The Life and Times of Manfred von Richthofen.* London (Cassell & Co) 1999.

Kilduff, Peter: *The Red Baron Combat Wing. Jagdgeschwader Richthofen in Battle*. London (Arms and Armour) 1997.

Kohl, Hermann: *Richthofen, der König der Lüfte*. Reutlingen (Enßlin & Laiblin) 1937.

Koos, Volker: *Die Fokker-Flugzeugwerke in Schwerin. Geschichte – Produktion – Typen*. Schwerin (Reinhard Thon) 1993.

Küpper, Heinz: *Illustriertes Lexikon der deutschen Umgangssprache in 8 Bänden*. Stuttgart (Klett) 1982-84.

Luthardt, Ernst O.: *Reise durch Schlesien*. Würzburg (Stürtz) 2014.

Martus, Steffen: *Ernst Jünger*. Stuttgart, Weimar (J.B. Metzler) 2001.

Richthofen, Kunigunde Freifrau von: *Mein Kriegstagebuch. Die Erinnerungen der Mutter des roten Kampffliegers. Mit einem Geleitwort von Generaloberst Göring. Mit 43 Aufnahmen aus Familienbesitz*. Berlin (Ullstein) 1937.

Richthofen, Manfred Freiherr von: *Der rote Kampfflieger. Eingeleitet und ergänzt von Bolko Freiherr von Richthofen. Mit einem Vorwort von Reichsminister Hermann Göring. Mit 22 Aufnahmen*. Berlin (Ullstein) 1933.

Richthofen, Manfred Freiherr von: *Der rote Kampfflieger. Mit über 100 Fußnoten zum historischen Verständnis*. edition nihil interit 2019.

Richthofen, Manfred Freiherr von: *Der rote Kampfflieger*. Hofenberg 2016.

Richthofen, Manfred Freiherr von: *Ein Heldenleben*. Berlin (Ullstein) 1920.

Schuster, Wolfgang/Engels, Achim Sven: *Fokker V5/Dr.1*. Atglen (Schiffer) 1998.

Schweckendiek, Oskar: *Der Kampfflieger Lothar Freiherr von Richthofen*. Düsseldorf (Antiqua-Verlag Philip Schröder) 2019.

Supf, Peter: *Das Buch der deutschen Fluggeschichte*. Berlin-Grunewald

主要参考文献一覧


フェルディナンド・フォン・リヒトホーフェン（上村直己訳）『リヒトホーフェン日本滞在記　ドイツ人地理学者の観た幕末明治』九州大学出版会、2013年

脇圭平『知識人と政治　ドイツ・1914～1933』岩波新書、1973年

『［図説］ドイツ空軍全史』学習研究社、2007年

『歴史群像アーカイブ Vol.20　第一次世界大戦　上』Gakken、2011年

『歴史群像アーカイブ Vol.21　第一次世界大戦　下』Gakken、2011年

Béjeuhr, Paul: *Der erste Weltkrieg als Luftkrieg. Kampfflugzeuge und Bomber der Luftwaffe. Mit 86 Abbildungen von Fliegern und Angriffen.* (Originalausgabe 1915) Hamburg (Diplomica Verlag) 2018.

Bodenschatz, Karl: *Jagd in Flanderns Himmel. Aus den sechzehn Kampfmonaten des Jagdgeschwaders Freiherr von Richthofen. Eingeleitet von Hermann Göring.* 8. Aufl. München (Verlag Knorr & Hirth) 1943.

Brand, Karl-Hermann Freiherr von/Eckert, Helmut: *Kadetten. Aus 300 Jahren deutscher Kadettenkorps.* Bd. 1. München (Schild) 1981.

Brinkmann, Jürgen: *Die Ritter des Ordens «Pour le Mérite» 1914-1918.* Hannover (Th. Schäfer Druckerei GmbH.) 1982.

Castan, Joachim: *Der Rote Baron. Die ganze Geschichte des Manfred von Richthofen.* Stuttgart (Klett-Cotta) 2007.

Franks, Norman/Bennett, Alan: *Der Rote Baron. Sein letzter Flug. Die Wahrheit über den Tod des deutschen Flieger-Asses.* Königswinter (Heel) 1998.

Frevert, Walter: *Jagdliches Brauchtum und Jägersprache.* Stuttgart (Franckh-Kosmos) 2020.

Gibbons, Floyd: *The Red Knight of Germany. The Story of Baron von Richthofen. Germany's Great War Bird.* (Garden City Publishing Co. 1927) www.Digitalhistorybooks.com 2019.

Grosz, Peter M./Koos, Volker: *Fokker Flugzeugwerke in Deutschland 1912-1921.* Königswinter (Heel) 2004.

Haiber, William Paul/Haiber, Robert Eugene: *The Red Baron. Manfred von Richthofen.* Poughquag, New York (Info Devel Press) 1992.

Immelmann, Max: *Meine Kampfflüge.* Leipzig (Klarwelt) 2016.

Italiaander, Rolf: *Manfred Freiherr von Richthofen. der beste Jagdflieger des großen Krieges. Mit einem Geleitwort von Generalleutnant Thomsen.* Berlin (A. Weichert) 1938.

# 主要参考文献一覧


**マンフレートとローター関連**

飯倉章、山室信一、小野塚知二、柴山桂太ほか『世界史としての第一次世界大戦』宝島社新書、2020年

稲垣直樹『サン＝テグジュペリ　人と思想109』清水書院、2015年

金子常規『兵器と戦術の世界史』中公文庫、2013年

衣笠太朗『旧ドイツ領全史　「国民史」において分断されてきた「境界地域」を読み解く』パブリブ、2020年

木村靖二、柴宜弘、長沼秀世『世界の歴史26　世界大戦と現代文化の開幕』中公文庫、2009年

木村靖二『第一次世界大戦』ちくま新書、2014年

木村秀政（監修）『航空機 第一次大戦まで　ダ・ビンチ，ライト兄弟から軍用機の出現』小学館、1981年

国松久弥（編著）『リヒトホーフェン　地理学の課題と方法』古今書院、1976年

鈴木五郎『撃墜王列伝　大空のエースたちの生涯』光人社 NF 文庫、2003年

ウィリアム・フォークナー（加島祥造訳）『熊　他三篇』岩波文庫、2000年

マックス・フォン・ベーン（飯塚信雄ほか訳）『ドイツ十八世紀の文化と社会』三修社、1984年

ケネス・マンソン（湯浅謙三訳）、野沢正（監修）『第１次大戦戦闘機および攻撃機・練習機』鶴書房、1970年

ケネス・マンソン（湯浅謙三訳）、野沢正（監修）『第１次大戦爆撃機および哨戒機・偵察機』鶴書房、1970年

望月隆一（編）『航空機名鑑　第一次大戦・大戦間編』光栄、2001年

山上正太郎『第一次世界大戦　忘れられた戦争』講談社学術文庫、2010年

山室信一、岡田暁生、小関隆、藤原辰史（編）『現代の起点　第一次世界大戦１－４』岩波書店、2014年

エルンスト・ユンガー（田尻三千夫訳）『ヘリオーポリス』（上・下）国書刊行会、1985-86年

| | |
|---|---|
| 1930 | D・H・ロレンス死去 |
| 1934 | エルゼの長男フリーデル、三男ハンスがアメリカ亡命 |
| 1939 | 第二次世界大戦勃発 |
| 1945 | 第二次世界大戦終結。マンフレートの従弟ヴォルフラムが捕虜収容所で死去 |
| 1946 | ゲーリング自殺 |
| 1950 | フリーダがアンジェロ・ラヴァリと結婚 |
| 1956 | フリーダ死去 |
| 1958 | アルフレート・ヴェーバー死去 |
| 1973 | エルゼ死去 |

# 関連略年表

| | |
|---|---|
| 1874 | エルゼ誕生 |
| 1879 | フリーダ誕生 |
| 1892 | マンフレート誕生 |
| 1894 | ローター誕生 |
| 1899 | フリーダがアーネスト・ウィークリーと結婚 |
| 1900 | エルゼがマックス・ヴェーバーのもとで博士号取得（厳密には1902年） |
| 1902 | エルゼがエドガー・ヤッフェと結婚 |
| 1907 | この頃、エルゼとフリーダともにオットー・グロースと関係を持つ |
| 1909 | この頃、エルゼがアルフレート・ヴェーバーと関係を持つ |
| 1911 | マンフレート、士官候補生として着任 |
| 1912 | フリーダ、夫のもとを離れ、D・H・ロレンスと旅立つ（1914年に結婚） |
| 1914 | 第一次世界大戦勃発 |
| 1916 | マンフレート、この年の年末か翌年初頭に機体を赤く塗り、英軍から「レッド・バロン」と称される |
| 1917 | マンフレート、第11戦闘機中隊長に昇進。その後、ローターが同隊に配属 |
| 1918 | マンフレート戦死。第一次世界大戦終結。エルゼとマックスが特別な関係となる |
| 1920 | オットー・グロース、マックス・ヴェーバー死去 |
| 1921 | エドガー・ヤッフェ死去 |
| 1922 | ローター事故死 |
| 1925 | マンフレートの遺体がフランスからドイツへ改葬、再度の国葬が催される |

森 貴史（もり・たかし）

1970年大阪府生まれ．早稲田大学第一文学部卒業，同大学院文学研究科在籍後，同大学第一文学部助手を経て，現在，関西大学文学部（文化共生学専修）教授．Dr. phil.（ベルリン・フンボルト大学）．専門はドイツ文化論，ヨーロッパ紀行文学．

著書 *Klassifizierung der Welt. Georg Forsters Reise um die Welt*.（Rombach Verlag, 2011年）
『踊る裸体生活　ドイツ健康身体論とナチスの文化史』（勉誠出版，2017年）
『裸のヘッセ　ドイツ生活改革運動と芸術家たち』（法政大学出版局，2019年）
『〈現場〉のアイドル文化論　大学教授、ハロプロアイドルに逢いにゆく。』（関西大学出版部，2020年）
『ドイツの自然療法　水治療・断食・サナトリウム』（平凡社新書，2021年）
訳書『SS先史遺産研究所アーネンエルベ　ナチスのアーリア帝国構想と狂気の学術』（ミヒャエル・H・カーター著，監訳，ヒカルランド，2020年）など．

リヒトホーフェン
――撃墜王《げきついおう》とその一族《いちぞく》

中公新書 *2681*

2022年1月25日発行

著　者　森　貴史
発行者　松田陽三

本文印刷　暁印刷
カバー印刷　大熊整美堂
製　本　小泉製本

発行所　中央公論新社
〒100-8152
東京都千代田区大手町1-7-1
電話　販売 03-5299-1730
　　　編集 03-5299-1830
URL http://www.chuko.co.jp/



Published by CHUOKORON-SHINSHA, INC.
Printed in Japan　ISBN978-4-12-102681-1 C1222

# 中公新書刊行のことば

いまからちょうど五世紀まえ、グーテンベルクが近代印刷術を発明したとき、書物の大量生産は潜在的可能性を獲得し、いまからちょうど一世紀まえ、世界のおもな文明国で義務教育制度が採用されたとき、書物の大量需要の潜在性が形成された。この二つの潜在性がはげしく現実化したのが現代である。

いまや、書物によって視野を拡大し、変りゆく世界に豊かに対応しようとする強い要求を私たちは抑えることができない。この要求にこたえる義務を、今日の書物は背負っている。だが、その義務は、たんに専門的知識の通俗化をはかることによって果たされるものでもなく、通俗的好奇心にうったえて、いたずらに発行部数の巨大さを誇ることによって果たされるものでもない。現代を真摯に生きようとする読者に、真に知るに価いする知識だけを選びだして提供すること、これが中公新書の最大の目標である。

私たちは、知識として錯覚しているものによってしばしば動かされ、裏切られる。私たちは、作為によってあたえられた知識のうえに生きることがあまりに多く、ゆるぎない事実を通して思索することがあまりにすくない。中公新書が、その一貫した特色として自らに課すものは、この事実のみの持つ無条件の説得力を発揮させることである。現代にあらたな意味を投げかけるべく待機している過去の歴史的事実もまた、中公新書によって数多く発掘されるであろう。

中公新書は、現代を自らの眼で見つめようとする、逞しい知的な読者の活力となることを欲している。

一九六二年一一月

中公新書

# 世界史

1353 物語 中国の歴史　寺田隆信
2392 中国の論理　岡本隆司
7 宦《かん》官《がん》(改版)　三田村泰助
15 科《か》挙《きょ》　宮崎市定
12 史記　貝塚茂樹
2099 三国志　渡邉義浩
2669 古代中国の24時間　柿沼陽平
2303 殷―中国史最古の王朝　落合淳思
2396 周―理想化された古代王朝　佐藤信弥
2542 漢帝国―400年の興亡　渡邉義浩
2667 南北朝時代―五胡十六国から隋の統一まで　会田大輔
1812 西《せい》太《たい》后《こう》　加藤徹
2030 上海　榎本泰子
1144 台湾　伊藤潔
2581 台湾の歴史と文化　大東和重

925 物語 韓国史　金両基
1367 物語 フィリピンの歴史　鈴木静夫
1372 物語 ヴェトナムの歴史　小倉貞男
2208 物語 シンガポールの歴史　岩崎育夫
1913 物語 タイの歴史　柿崎一郎
2249 物語 ビルマの歴史　根本敬
1551 海の帝国　白石隆
2518 オスマン帝国　小笠原弘幸
1858 中東イスラーム民族史　宮田律
2323 文明の誕生　小林登志子
2523 古代オリエントの神々　小林登志子
1818 シュメル―人類最古の文明　小林登志子
1977 シュメル神話の世界　岡田明子 小林登志子
2613 古代メソポタミア全史　小林登志子
2661 アケメネス朝ペルシア―史上初の世界帝国　阿部拓児
1594 物語 中東の歴史　牟田口義郎
2496 物語 アラビアの歴史　蔀勇造

1931 物語 イスラエルの歴史　高橋正男
2067 物語 エルサレムの歴史　笈川博一
2205 聖書考古学　長谷川修一
2647 高地文明　山本紀夫
2253 禁欲のヨーロッパ　佐藤彰一
2409 贖罪のヨーロッパ　佐藤彰一
2467 剣と清貧のヨーロッパ　佐藤彰一
2516 宣教のヨーロッパ　佐藤彰一
2567 歴史探究のヨーロッパ　佐藤彰一

中公新書

## 現代史

f3